教育经典 适用 4~5岁

王莉/著

狂野的 **4** 岁孩子

从幼稚到成熟的过渡期，
建立规则有利于孩子形成安全感

朝華出版社
BLOSSOM PRESS

图书在版编目（CIP）数据

狂野的4岁孩子 / 王莉著. -- 北京：朝华出版社，
2019.4
ISBN 978-7-5054-4457-7

Ⅰ.①狂… Ⅱ.①王… Ⅲ.①儿童教育—家庭教育
Ⅳ.①G781

中国版本图书馆CIP数据核字（2018）第303266号

狂野的4岁孩子

作　　者　　王　莉

选题策划　　王　剑
责任编辑　　韩丽群
责任印制　　张文东　陆竞赢
封面设计　　昇一设计

出版发行　朝华出版社
社　　址　北京市西城区百万庄大街24号　　　　邮政编码　　100037
订购电话　（010）68996618　68996050
传　　真　（010）88415258（发行部）
联系版权　j-yn@163.com
网　　址　http://zhcb.cipg.org.cn
印　　刷　三河市三佳印刷装订有限公司
经　　销　全国新华书店
开　　本　710mm×1000mm　1/16　　　　　字　　数　180千字
印　　张　14.75
版　　次　2019年4月第1版　2019年4月第1次印刷
装　　别　平
书　　号　ISBN 978-7-5054-4457-7
定　　价　32.00元

前 言

4岁，被人称为狂野而美妙的年龄，这个年龄段的孩子大多精力充沛又喜欢无拘无束，以至于非常淘气，经常让父母头疼不已。尽管如此，每一位4岁孩子的家长还是希望孩子能够健康、快乐地成长，希望自己做一个称职的好家长。但是孩子总是出现各种令人出乎意料的表现，很多问题父母摸不到头绪，更别提解决办法了。

孩子的每个成长阶段，都会呈现出特定的心理发展规律和特点，这些规律和特点会让孩子呈现出各种行为。但是很多父母由于不了解孩子的发展规律，所以常常会做出一些事与愿违的事情。比如，有些孩子经常把家里搞得一团糟，时不时惹出一些麻烦，于是，不少父母就认为他们是在胡闹、捣乱，并给孩子贴上淘气的标签，甚至对孩子大吼大叫。对于孩子的这一行为，有觉悟的父母可能能够意识到自己做错了，但是相当大一部分父母却并不能产生这样的觉悟，并因此在育儿的道路上越来越困惑和偏执。

我们常说，孩子在其每一个成长阶段，都有自己的一个发展主题，而我们教育的本质就是发现孩子的这一成长规律，并帮助他们涂写出属于自己的生命色彩。可是家长们如果没能感受到孩子的生命发展，这会是多么的遗憾！

为了弥补这一遗憾，我们在本书中总结了 4 岁这一阶段孩子的行为和表现，某些看似"糟糕"、令父母焦虑的行为，其实都是这个年龄段的孩子再正常不过的行为特征，毕竟大部分的 4 岁孩子都这样。

我们承认孩子在这一年龄存在夸张行为的普遍性，并不是说我们束手无策地任由孩子发展，而是说家长必须对孩子予以恰当正确的指导，让孩子真正获得健康有益的成长，真正获得幸福的童年。

因此，本书不仅为年轻的父母们阐明了 4 岁成长阶段的科学规律，让家长们放下焦虑的心理包袱，也提供了各种切实可行的方法，真正指导父母对孩子进行家庭教育。在自然的状态下，通过父母们的努力，让孩子的潜能得到最大限度的激发，希望父母们能够保持清醒、理智，不敷衍、不焦虑，有所为、有所不为，给孩子一个高质量的 4 岁。

当孩子的成长状态越来越好，当孩子平稳度过 4 岁进入 5 岁时，我们大家都将倍感欣慰。

目 录

第一章 狂野又神奇的 4 岁来临，孩子的变化令人惊叹

4 岁，是一个可爱而狂野的年龄。他们说话流利、跑得飞快、热爱画画和搭建，向群性愈加明显。这个时期的孩子每天都会给你带来惊喜，你准备好了吗？

第二章 4岁孩子的惊人能力：智力、身体发育突飞猛进

孩子步入4岁，你会发现他们变得更聪明了，对待很多事物都有自己的看法，语言能力呈现爆发式发展，能够完整地表达自己的意思。同时，他们的身体协调能力也有很大进步，运用和协调手指的能力基本完善，能够进行简单的自理，洗手、刷牙、穿衣服等方面几乎不再需要大人帮助。

第三章　爱他，就要了解他：与 4 岁孩子相处的技巧

养育 4 岁之前的孩子并没有什么捷径，主要是需要你足够细致、耐心，并且掌握一定的基本常识，然而，这一切会在孩子 4 岁后变得大不相同，这时的你需要更多的技巧来应对这个小大人了。尤为注意的是，孩子的一些反常表现，也许恰恰是在告诉你他需要帮助。那么，怎样做才能更好地了解孩子、接纳孩子呢？

第四章　解读4岁孩子的叛逆行为：发脾气、撒谎、不想上学……

孩子为什么哭闹、为什么爱撒谎、为什么不想去幼儿园，这些问题常常让你感到无所适从。其实孩子的很多问题，并非真的是问题，它们更像是一个特殊信号，表明孩子进入了一个独特的发展阶段。你若是能读懂孩子行为所传递的成长信号，就能破解育儿过程中面临的各种难题。

第五章 独立性和社会性：培养 4 岁孩子良好的个性

孩子越长大，独立生存和独立成长的潜能就越大。很多时候，我们不必刻意去做什么，只要在家庭中保持民主的气氛，孩子就能在这种氛围下自然成长，学会独立生存、内心变得强大……你该如何给予他们一个宽松而具有指导意义的成长环境，树立其自信、独立、勇敢的人格品质？是这一时期家庭教养的重点和难点。

第六章 如何全面提升孩子的能力

4岁的孩子，身体发育和心智发展突飞猛进，各方面能力也在不断发展。他们就像是一只只活力四射的小鹿，总是不停地奔跑着。他们的身体随时做着驰骋绿茵的准备，他们的眼睛不断搜寻新奇的事物，他们有着聊不完的话题、尝试不完的实验、探索不尽的趣事。你会为孩子的这些成长感到惊讶与欣慰。

第七章 孩子4岁时，父母必须注意的教养习惯

4岁的孩子大部分已经具备了独立吃饭、穿衣、睡觉以及大小便等基本的生活能力，有时候大人只需要进行小小的协助，他们就可以表现得很完美。当然，4岁孩子也时常会耍些"小性子"，他们可能昨天还非常乐于自己洗澡穿衣服，今天就怎么也不肯进浴室，这是正常现象。要知道，规律的日常作息是孩子快乐生活的保障，那么，你该如何培养4岁孩子良好的日常习惯呢？

第八章　4岁孩子，爸爸妈妈最关心的问题

　　在孩子成长过程中的每一个阶段，都有一定的规律可循，一些成长的难题也具有普遍性。这些问题常常令你疑惑不解，不知该从何处下手。其实，一些具体可行的小办法会帮你随时应付各种情况，做到游刃有余。

第一章

狂野又神奇的4岁来临，
孩子的变化令人惊叹

4岁，是一个可爱而狂野的年龄。他们说话流利、跑得飞快、热爱画画和搭建，向群性愈加明显。这个时期的孩子每天都会给你带来惊喜，你准备好了吗？

1. 从幼稚到成熟的过渡期：是的，他们长大了

4岁是狂野而美妙的年龄。家有4岁孩子的父母，有时会觉得孩子可爱无比，有时又会被孩子折磨得不知所措，这时候，父母才会深深体会到育儿其实并不简单。但育儿即育己，父母只有自己成长，才能教育好孩子。从另一个角度来看，父母也必须同孩子一起经历这一阶段才能自我成长。

4岁孩子的确是精力充沛的，十分喜欢与人亲近、接触社交生活，还富有傲慢、自信和独立的自我意识。我们经常会听到或是得出这样一个结论：4岁孩子真是一个小大人。

到了4岁，孩子的词汇量快速累积，他们的思考能力和自己做决定的意识迅速成长。他们不再像以前那样，面对大人的世界总是一脸茫然懵懂的样子，而是很多时候都可以和父母坐在一起，像个大人一样交谈。

如果你是一个宽容且状态轻松的家长，自然能站在肯定与欣赏的角度看待4岁孩子的这种成长；但如果你总是以一种焦虑的心态看待4岁孩子的不听话、我行我素、情绪多变、难缠……那么，你与孩子的相处就会困难重重。

是的，他们长大了，不再像以前那样，像个面娃娃似的，任由我们带领。他们更像是橡皮人、弹簧人，总想跳起来展示自己！是的，他们长大了，做什么都过度；是的，他们长大了，从幼稚到成熟！

自我意识日趋稳定，有了自己的主见

我们发现，在大多数情况下，与 3 岁孩子相比，4 岁孩子可以说是最张扬、最不温顺、最富有反抗意识的孩子了。他们似乎每时每刻都充满旺盛的精力，身体的一切机能都生机勃勃地快速发展。为此，很多时候你也许会被孩子的肆意顶撞烦得手足无措，但是请你一定要理解他，因为他已经进入了一个全新的发展阶段。

他是怎么发现这个新领域的呢？一方面是其身心各方面的发展需要，由于身体和行为控制能力日渐成熟，他自觉能探索到更多；另一方面是我们成年人给他提供的。是的，他的反反复复，他的恶魔乖张，都与我们有关。

细心的父母也许会注意到，当孩子两三岁的时候，尽管他们经常对父母苦口婆心的劝阻表现得我行我素，但在孩子心中，父母仍然是最了不起的。然而，他们进入 4 岁的时候，则有了新发现，他们会提出许多新奇的问题，这让大人显然有些"招架不住"，比如"我从哪里来""弟弟是怎么生出来的""刚才你不是这样说的""你不公平"……这一类的问题和观点真是令父母们头疼。当然，也有很多问题父母一时答不上来，这时孩子就会发现，大人并不是万能的，大人也有许多不懂的事。可以说，这个阶段的孩子每天都在飞速地进步，他们足智多谋，对一切充满好奇，敢于按照自己的想法行事。

这样的全新领域，让他们兴奋难耐！随着生理上的发展，他们的自我意识也逐渐萌发，他们有了自己的主见，并且抑制不住地想要去实现这些主见。当然，这些主见很多是父母非常乐于看见的，就像一个乖孩子所做的那样；而也有很多是父母不乐于看见的，因为这让 4 岁孩子看起来就像一个小恶魔。

上一秒还是个乖孩子，一转身就变成了小恶魔

就比如 4 岁半的奇奇。

　　奇奇妈妈这几天工作特别忙，回到家后只想躺在沙发上休息，还会说出"好累"这样的话语。奇奇听到这样的话，不管当时是在玩玩具还是在看电视，都会马上跑到妈妈身边。

　　"妈妈，你这样躺着。"奇奇一边说，一边趴着躺在沙发上做示范，他还不知道如何用准确的语言表述这个动作。

　　"为什么要那样躺着？"

　　"我要给你捶捶背，妈妈。"

　　奇奇妈妈心中涌过一阵暖流，"宝贝长大了"。

　　"妈妈，舒服不？"

　　"舒服，谢谢。"奇奇妈妈顿时感觉身上的疲劳缓解了很多，想赶紧拍张照片，一会儿发朋友圈。

　　可是，照片还没拍完，奇奇就说："妈妈，陪我搭乐高积木吧。我们搭一个武器库！"

　　"奇奇，妈妈现在实在是太累了，你先自己玩会儿好吗？"

　　"可是，好几天你都没有陪我搭了，你前几天还说要陪我搭积木的。"

　　"妈妈这几天工作太忙，等忙完了陪你。"

　　"不行，就今天，你陪我搭积木。"

　　"妈妈太累了，妈妈相信你，你肯定能搭得特别棒。"奇奇妈妈开始哄奇奇，而她的疲劳感又似乎加重了。

　　"刚才你不是说舒服了吗？"

　　"只是舒服了一点点。"奇奇妈妈有些哭笑不得。

"不行，陪我玩一会儿嘛，就一会儿，就一会儿。"

奇奇见妈妈没有动，情绪说来就来："妈妈，我讨厌你。"

接下来，自然是一场免不了的持久战……

难怪奇奇妈妈最近总是发出这样的感慨：4 岁宝妈的日常，完全就是"上一分钟，天堂；下一分钟，地狱"。

你可知道家里那个 4 岁孩子的心理活动？可曾了解过他的行为有哪些特点吗？

随着年龄的逐渐增长，4 岁孩子在心理和行为上有了许多令人惊喜的变化。4 岁的孩子正处于成长的敏感期，内心会有一股无法遏止的动力，驱使他们狂热地关注感兴趣的特定事物，并产生尝试或学习的热情。

在情绪方面，面对孩子的"无理取闹"，父母要学着理解孩子的情绪，说出孩子的感受，让孩子有被认同的感觉，这样才能给予孩子安全感，给他们积极正面的引导。

热情洋溢，对新鲜事物充满兴趣

对于 4 岁孩子来说，不论他的性格是安静还是活泼，他们几乎每时每刻都会被这个充盈着奇妙色彩的世界所吸引。对于周围的一切，比如同伴、新奇的玩具、不同款式的服装、琳琅满目的图书、丰富多彩的户外活动等，他们都有着十足的好奇心和探索欲。

可以说，4 岁孩子喜欢尝试任何事，他们每一天都在成长。而作为父母的你，更会惊叹于孩子每一天所表现出来的激情与活力。

很多 4 岁孩子的父母甚至有这样的感觉，觉得孩子的眼睛在 4 岁后突然变大了。其实，只是因为他们的表情经常处于兴奋的状态，他们的瞳孔因为惊讶而放大，双眼也因为感受新奇而闪闪发光，而他们的心情也因此经常是激动并且愉悦的。

很多时候，我们还会发现，大多数4岁孩子往往对某件事情的关注度与兴趣很快就会消失。也许上一秒他们的注意力还在一个新玩具上，一转眼他们就去玩别的了。所以大多数情况下，他们都是虎头蛇尾的。比如他们想当英雄，妈妈告诉他，当英雄要学会帮助别人，也要帮家人做一些力所能及的事。可是如果你请他摆碗筷，再晾一次衣服，就可能已经是他的极限了，若是再让他帮忙拿一本书，他会马上意识到当英雄很累，继而放弃想当英雄的念头。

4岁的女孩呢，固然爱漂亮，可是面对要承受疼痛而得来的漂亮发型，或是面料不舒服却好看的蓬蓬裙，她们很可能会选择舒适的马尾和棉质的衣服。

4岁孩子经常会有些"开小差"，他们没有要把一件事情做完做好的目标，这完全看他们当下的心情，如果另一件事情激起了他们的兴趣，他们也会毫不犹豫地放下正在做的事而投入到另一件事上去。

比如说，两个小伙伴在一起玩过家家的游戏。刚开始，他们还能有模有样地一个扮演妈妈，一个扮演孩子。可是玩着玩着，不知道谁突然来了一句"我的肚子痛"，于是，他们又会立即把医生治病的玩具翻出来，紧接着，一个扮演医生，一个扮演患者。这时，"患者"又突然想吃冰激凌，便又去"超市"购买，谁料还没走到超市，就发生了争吵……

这也难怪大多数4岁孩子的父母会感到，要跟上孩子的节奏往往有心无力。

妈妈积极引导，强大孩子的内心

4岁孩子父母的教育目标总结起来可以简单概括为：让孩子既有独立思考的能力又有自我约束能力，也就是让孩子拥有强大的内心。

曾有人这样说过：强大的内心就像海洋一样，永远不会封冻；强大的心胸永远充满阳光，永远不会阴暗冰冷。

我们教育孩子，希望他的内心是宽广而不是狭隘的，是真诚而不是虚伪的，是乐观而不是悲观的，是自信而不是自卑的，是仁爱而不是自私的……每一位家长都希望自己的孩子拥有一颗强大的内心，这样他在日后的生活、学习、工作以及与人交往中才能更加顺利，也才能获得真正幸福的人生。

这种教育目标在孩子 4 岁时便能明显地开始实现，只要家长们能提供足够多、足够积极的引导，它的实现速度和效果是惊人的。

一位妈妈这样分享过：

晚上我需要外出买点东西，女儿非要和我一起去，她本身就有点感冒，再加上最近天比较冷，所以爸爸让女儿穿上外套再去，但她却死活不肯。

我非常着急，一个念头闪过脑海：你不穿，感冒就会严重，吃药不管用就会引发肺炎，得肺炎就要去医院输液！因为上次得肺炎输液时她很难受，所以一直心里有恐惧。但就在这句话将要脱口而出时，我忽然意识到这么做不对！

于是我对她说："外面很冷，如果你穿上外套，你的感冒就不会严重，那么，我们就不用再吃药了，同时我们也会非常快地把东西买回来。你现在不穿也可以，我给你拿着，一会到外面再穿，你选吧。"

最终女儿很听话地把外套穿上了。

这位妈妈还讲了很多这方面的例子，她已经领悟到 4 岁孩子的教育圣经：我们要给孩子积极、正向的引导，少给孩子传递负面情绪，孩子就会更加健康快乐地成长。

如果你家有一个 4 岁多的宝贝，你的任何一句话或是一个决定都应该是思考之后的积极正向的引导，这样才有助于塑造他强大而美好的心灵。

2. 情绪控制能力时好时坏、起伏不定

文文的奶奶经常在孙子表现出可爱懂事的一面时，一脸欣慰幸福却又无奈地说上一句："乖的时候也挺乖的，发脾气时真是气人。"

即使文文奶奶过去有着丰富的育儿经验，但如今带孙子的过程中，对孙子时好时坏的脾气还是有些招架不住，每天都是惊喜连着惊讶。

孩子一天一个样，情绪"起伏不定"是一种常见的情况。

对于家有4岁孩子的父母来说，他们时常会被孩子风风火火、活力四射的一面搞得筋疲力尽。但是当孩子即将5岁时，父母很可能又会被他们温和含蓄、谦虚满足的一面弄得一头雾水。他们的行为变得不可预测。

正如前文所述，4岁孩子的典型特征是精力旺盛，喜欢探索，喜欢新奇刺激的事物。但是等他们长到5岁时，又似乎变了一个人，不再喜欢上蹿下跳的游戏，反倒是开始喜欢起规规矩矩的游戏来。其实，父母不必多虑，无论你的4岁孩子是张扬的还是乖顺的，都是他们成长的必经过程。

以自我需求为中心，坚持己见难改变

很多父母欣喜地发现，相比刚4岁的时候，接近5岁的孩子已经具备了一定的自我控制能力，他们变得越来越"讲理"。他们知道哭闹会遭到父母严厉的批评。尽管如此，对于特别感兴趣的事物，他们仍然受情绪的支配，以自我的需求为中心，不会顾虑到太多，即使环境、时机都不适宜，他们也会毫不在意地坚持自己的行为。大人们想要转移他们的注意力，也不再像以前那么轻易就能做到了。

最近一段时间，小艾的妈妈由于工作特别忙，常常回到家后还要加一会儿班。可是，只要在家加班工作，宝贝女儿就会给她出难题。

比如这一次，妈妈正在书房加班工作的时候，小艾非要妈妈陪她一起学习。由于这些日子小艾迷上了用电脑里的一个软件学习汉字，妈妈只好放下工作先陪她。在与小艾共同学习了两个汉字之后，妈妈对小艾说："现在你可以去做别的了，妈妈要工作了。"可是小艾根本不愿意离开，她还要继续学习。

"你可以去跟奶奶学习卡片或者图书上的汉字。"妈妈说。

"不行，就要跟妈妈学习。"接着，小艾还列举了许多理由，如妈妈最好，奶奶不会，要用书房的电脑学习，等等。

这真是一个让妈妈感到甜蜜而又苦恼的难题。面对求知欲强的孩子，家长怎么忍心拒绝？可是，大人走到哪儿，孩子就跟到哪儿，大人做什么，孩子就跟着做什么，也着实令人苦恼。

很显然，这个年龄段的孩子在某些事情上很有自己的想法和见解，但是有时又未免有些偏执和任性。特别是当他们很想做某件事情的时候。在他们年龄小一些的时候，家长尚可以软硬兼施来说服孩子，可如今这个"顽童"却不吃这一套，甚至还会伶牙俐齿地用"装满一火车"的理由来反驳家长们。

"好""坏"意识交替出现，能够意识到长辈的权威

今天，多多在离妈妈一米多远的床上独自睡着了。以前大多时候，他都要搂着妈妈的脖子，说着"妈妈，我最爱你"这样的话才睡；当然也有一些时候，会像今天这样，在离妈妈不远的床上独自睡着——因为今天他和妈妈生气了！他还狠心地对妈妈

说了一些话，比如"我再也不喜欢你了""你欺负我""你以后让我画苹果树，我再也不画了""你以后不用接胖胖来家里玩了，我不会跟他玩了"……

多多同这个年龄段的孩子一样，具备很多"好"的意识，可是一旦大人没有满足他的要求、"得罪"他，他的"好"意识马上会变成"坏"意识，他认为这些话是他的武器，也是他与家长斗争的砝码。

当孩子的"坏"意识终于激起长辈尤其是父母的训斥时，他们又很快地反应过来，意识到长辈生气了。

4岁的孩子已经能够察言观色，并能根据自己有限的见识和经验，察觉到父母的权威。在4岁之前，他们动不动就跟父母对着干，很有点"初生牛犊不怕虎"的劲头。而现在面对家长的批评，他们表现得好像既害怕又有些迷茫，但看上去他们还是很认真地在倾听。当父母看到孩子的这副可怜样儿时，不免会心生几分怜爱和自责，一旦父母开始于心不忍，"讨价还价"的大幕就拉开了。

父母态度坚定，建立规则，有利于孩子安全感的建立

父母与孩子之间"讨价还价"，对孩子的成长有着相当大的影响。

如果4岁孩子向父母提出的所有要求、条件能很快得到满足，即使是不合理的，父母也会没有原则地答应、妥协，他们就会认为很多事是有机可乘的。如果父母态度模糊不清，没有原则，也没有制定规则，孩子们就会变得越发难缠和难以满足。更主要的是，一旦孩子受挫或是没有得到满足，内心很可能就会因此而失衡，产生悲愤、失望、恐惧、悲观等负面情绪。所以，父母态度坚定，并且积极建立起规则，是有利于4岁孩子形成安全感的。

父母在给 4 岁孩子建立规则时，有几个方面是需要注意的：

第一，共同商量。4 岁的孩子非常在乎参与感。他知晓的，或者是父母与他一起协商的规则更能激发他遵守规则的主动性。在制定规则时，父母一定要向孩子陈述并且解释清楚为什么要这样制定，为什么有些规则不能讨价还价。比如，"先洗手，再吃饭"这条规则不可讨价还价，否则手上的细菌就会吃进嘴里，会生病。

第二，抓大放小。面对讨价还价，有时也需要具体问题具体分析。不可一味妥协，也不可全部拒绝。

对于饭前洗手、早晚刷牙等原则性的问题，父母不要做任何让步。而对于非原则性问题，父母则可以适当让步，给孩子一些自主的空间。比如，"先收玩具，再看动画片"，如果孩子央求先看动画片，再收拾玩具，父母也可以做适当让步，只要孩子能把玩具收拾好就行了。

第三，立场一致。作为规则制定者，家里所有的大人态度要一致，也不可情绪化地改变。今天大人心情好，孩子就可以不遵守规则，今天大人心情不好，孩子就必须要遵守规则……孩子尝到甜头后就会察言观色，想方设法让家长妥协。久而久之，规则就失去了效力。

父母要认识到建立规则的重要性。我们建立各种规则是要帮助孩子约束其自身不合理的欲望，管理其不恰当的行为，对孩子养成良好的生活习惯，塑造优秀的品格都有很大作用。一些规则起初只是约束孩子的某一种行为，但同类型的积累多了之后孩子会懂得其中的关联，对于从小养成懂得体恤他人的品格有一定的帮助。比如，告诉孩子当家里有人睡觉的时候走路要轻一些，当进入楼道里后不要大声说话，孩子在执行这些规则之后会意识到，自己的一些行为是会打扰到别人的，除了走路轻、不喧哗之外他可能还会注意到其他的不打扰他人的做法。

我们督促孩子遵守规则，在这个过程中他会更好地体会规则、理解规则。每个人都需要遵守规则，规则并不单单是为小孩制定的，父母可以向孩子列举出爸爸妈妈也要遵守的规则，当然孩子自己也会观察父母是如何遵守规则的。规则不仅仅出现在家庭里，在学校、社会环境里，规则无处不在，而家是我们最好的练习场，在家里，从一点一滴的小事做起，可以锻炼规则意识。

3. 充满活力、朝气蓬勃，喜欢与人交往

　　4 岁孩子在人际交往方面有了很大的进步。这一年龄段的孩子基本上都已正式进入幼儿园阶段，开始了他们更为正式的社会交往。幼儿园也为他们提供了脱离父母后的真正的社交场所和交际对象。

　　同伴交流的增多，让他们开始掌握越来越丰富的交往词汇。

　　"我能跟你一起玩吗？"

　　"你能帮我拿那个长方形的积木吗？"

　　"不是，不是，要放在这里。"

　　"你的发卡真漂亮。"

　　当然还有一些嘲讽的、不和平的词汇。

　　"你的牙齿真黑呀。"

　　"你不是我们班的。"

　　"老师，他打我。"

　　当几个孩子聚在一起做某项活动的时候，比如玩彩泥、剪纸或是涂色，即使老师已经走到跟前指点，孩子们仍然在嘀嘀咕咕地说着什么。有时他

们会对其他小朋友的作品评论一番，有时他们会因为活动中丢失小零件而异常急躁，有时他们也会心满意足地向老师炫耀自己的作品。除了老师的指引外，4 岁孩子会自发地去体验人际交往，他们也开始摸索出一些人际交往技巧。

这个年龄段的孩子和自己的同学在幼儿园之外的地方碰面，会高兴地大声呼喊对方的名字，这与他们两三岁时完全不一样。4 岁孩子会主动与许多朋友交往，有时还会确定出一个最好的朋友。

交往积极主动，喜欢集体生活，会有一个最好的朋友

皓天和宗翰都是 4 岁半的小朋友，他们的生日相差不到十天，住在同一个小区，上同一家幼儿园，在同一个班。但是暑期后分了班，两个小朋友虽不在同一个班了，但放学时偶尔也会遇到。只要一碰面，他们肯定要玩上一会儿。

这个月皓天已经去宗翰家玩了三次了，宗翰也去皓天家玩过一次。今天放学时，皓天说看见宗翰妈妈来接宗翰了，吵着嚷着要去宗翰家玩，皓天奶奶拗不过孙子，只好答应了。

奶奶怕打扰到别人，一开始还假装说忘记了宗翰家在哪一栋楼，可是皓天竟然自己找到了宗翰的家。奶奶坚持说不是，和孙子在楼下转悠了半个小时，可是怎么也说服不了皓天回家。

巧的是，宗翰这时候刚好出现在楼下，皓天就兴高采烈地迎了上去，宗翰见到他的小伙伴自然也是欣喜万分。两个人足足玩了好几个小时才恋恋不舍地分开。

快离开时，皓天还不忘嘱咐奶奶："奶奶，你这一次记住宗翰的家，下次不要忘记了。"

皓天奶奶哭笑不得。

在幼儿园里，4岁孩子喜欢和小伙伴们一起玩耍。晚上回到家，他们往往能够主动跟大人分享自己和小朋友玩耍的事，例如，"今天我认识了一个新朋友"，"今天我和××一起玩滑梯"等等。

很多时候，4岁孩子可以和小朋友们玩耍得非常好。当然，如果孩子之间发生矛盾，又急需大人提供帮助的话，若是此时家长恰好在场并施以援手，会更有助于增进孩子们之间的友谊，并让他们学习到人际交往的规则。

我们还会发现，当两个4岁孩子的中间出现了一个他们不太熟悉或是他们不太喜欢的第三个小朋友时，那么，这个小朋友很可能会遭到排斥。不过，如果孩子们能够顺利地找到适合所有人的活动，小伙伴之间的友情很快就会建立起来。

当几个4岁孩子一起玩耍时，他们已经很少发生争夺玩具的事情，即使发生争执，和之前相比也能比较顺利地解决。实际上，多数时候，4岁孩子已经能够商量着玩同一个玩具了。

在这种积极的心态下，大多数4岁孩子都能交到比较稳定的、合得来的好朋友。

渴望与小伙伴保持一致

连续两天，纪小贝都对妈妈说，他们班上的李子航和张恒远总是说他不是原来中二班的。其实，寒假之前，他们三个都在同一个班，新学期重新分班后，也都在同一个班。虽然纪小贝不常和他俩玩在一起，但李子航和张恒远应该不至于忘记纪小贝。那么最有可能的原因便是这两个孩子是想故意气小贝才这么说的，而小贝对此是非常在意的，和妈妈说起这件事时都委屈得哭了。

从这三个男孩的相处中，我们不难发现他们在人际交往中显露出来的一些特征：李子航和张恒远作为好朋友，对不常玩在一起的纪小贝表现出恶作剧一样的行为。而纪小贝的身上则展现了 4 岁孩子人际交往的另外一个特征——非常渴望得到同龄伙伴，尤其是同班同学的喜欢和认可。

"一起玩好不好？"

"我们不玩乐高，玩磁力片，好吗？"

"咱们去洗手吧？"

"蓝色和黄色，你喜欢用哪一个？"

这样的询问句式会经常挂在他们的嘴边。

我们常说，归属感是一种被他人或集体接纳、重视、包容的感觉，对于幼儿园里的 4 岁孩子来说同样需要。他们需要感觉到自己是班级里的重要一员，事实上，这种需求对孩子的心理发展有着非常重要的意义。

因此，我们经常会看到，4 岁孩子在一起时，总是玩同一个玩具，做同一件事情。有时候高兴起来，4 岁孩子还会贴在小朋友的耳朵上说悄悄话。他们还喜欢跟小朋友分享零食，主动邀请小朋友来家里玩耍。如果你的 4 岁孩子爱说话，又机灵聪明的话，还可能会成为团队中的"小领导"，而这些"小领导"的社交能力往往也是非常出色的。

如何合理引导 4 岁孩子发展社交能力

在成长过程中，集体生活是每个孩子都必须要面对的，有的孩子能够较快地融入小群体，与小伙伴们相处得很好；而有的孩子可能会慢一些，甚至出现这样那样的小麻烦。那么，作为家长，该如何帮助孩子养成良好的社交能力呢？

第一，家长应该以身作则，提升自己的社交能力，身体力行地给孩子做好榜样。比如，家长要多从欣赏和赞美的角度去看待周围的人或事，当然也包括看待孩子的行为，这样发表出来的观点，不仅有助于提升培养孩子的自信心，也能引导孩子多从内心欣赏和赞美他人，而这样的孩子自然也会赢得他人的好感。

第二，鼓励孩子主动伸出友谊的小手，锻炼合作能力。家长可以鼓励孩子做出一些实际的行动来结交朋友，并提供场地、时间、物品等方面的配合和支持。比如可以让孩子邀请自己的朋友来家里做客，借此机会，父母可以引导并帮助孩子学习如何待客，如何帮助别人，如何分享玩具，等等。当孩子慢慢适应后，也要鼓励他到别的小朋友家里去玩。同时，还要鼓励孩子多参加幼儿园、社区或其他组织举办的集体活动。在集体活动中，孩子们会学会如何互相配合，如何相处。总之，为了更好地培养孩子的社交能力，父母一定要放开手，多带孩子出门参加一些社交活动，孩子从小经历过各种场面，与人交往时才会变得落落大方。

第三，一些孩子不善交往的重要原因就是缺乏自信，家长要采取策略鼓励他。一些孩子可能因为自身的一些原因，如家庭、身体等方面，而害怕在群体中发言，也不主动表现自己。这些孩子经常把"我不敢"挂在嘴边，事实上，这也是他们内心最真实的想法。父母发现孩子有这种状况时不能一味地催促他，如果父母只是对他说一些诸如"你勇敢一点儿"的话语，很难真正帮助到孩子。要多花一点儿心思通过一些行动，去了解并帮助孩子解开心结，帮助他去接触同龄人，当他做出好的行为时及时鼓励。

第四，传授一些人际交往中需要注意的规则。尚不能很好地控制自己的情绪的4岁孩子，在人际交往中往往会出现一些消极行为，这时父母就要适时地进行情景教育。父母与孩子一起进行情景模拟的游戏或是练习，可以更好地丰富孩子的社交经验，培养和提高孩子的社交能力。以下这些生活情景，都可以成为父母教育孩孩子的好时机：

（1）如何向别人表示感谢和歉意？

（2）如何正确地向别人提出要求？

（3）怎么与小伙伴分享食物和玩具？

（4）怎样才能顺利参与到别人的游戏或是活动中去？

（5）与小伙伴吵架了怎么办？

（6）怎样有礼貌地向别人打招呼？

（7）如何坚定、礼貌地拒绝别人？

对于每一个问题，家长们可以仔细思考，并且形成一小句简单的话术，教会给孩子。

总之，每个孩子都有自己的性格特征，每个孩子也都有属于他自己的交往方式和社交圈子，而且孩子的潜力都是很大的。日常生活中，细心、有耐心的父母都可以找到很多方法培养孩子的社交能力。

4. 正面回答孩子关于性的问题，而不是回避

随着社会现代化、信息化的发展，孩子越来越早地接触到了手机、电脑等数码产品以及网络，他们接触的信息和知识越来越丰富。关于性，也是不可避免的话题。

心理学研究表明，儿童性别意识形成的关键期在 1 岁到 3 岁之间，6 岁时性别认识完全形成。4 岁前，他们只是简单认识到自己的性别，但是 4 岁后，他们想要知道的就更多了，比如，男孩和女孩衣服盖住的身体部位到底有什么不一样？为什么不一样？比如，婴儿是从哪里来的？这些"秘密"他们都想知道。

家长们多了解一些这方面的知识，采用更丰富更有趣的方式解释给孩

子听，也是非常有必要的。

对小婴儿着迷：想知道小婴儿是从哪里来的

对于这个问题，不管是男孩还是女孩都一样好奇。他们可能会直接询问妈妈，你给我生个小弟弟好不好，小弟弟是从哪里来的？可能会指着墙上的婚纱照问，我在哪里？也可能会在和爸爸或妈妈一起洗澡的时候，对大人的身体很好奇，提出一些他想要了解的问题。

可以肯定地说，在孩子4岁这个阶段，几乎每一位家长都会被问到这些问题。你可以稍稍震惊一下孩子的小脑袋瓜里竟会有如此多的想法，但是，如果你敷衍孩子或是没有给予其完美的答案，孩子便会无休止地问下去，或者直接自己去寻找答案。所以，与其无意识地、零散地向孩子传递性知识，不如正面、积极、规范地对孩子进行性教育。

父母和孩子谈这个话题时，要做到冷静从容、不慌张，不要表现得大惊小怪、言辞闪躲、忧心忡忡。要知道，孩子是会从父母的语气中获得信息的，而这比原本的答案更令他们感到好奇。

对于婴儿出生的知识，父母可以先看一些绘本或是科普读物，然后整理一下自己的语言，并预设一下孩子的提问。你的语言要尽量简洁，而且注意使用一些正式的专业词汇。

关于宝宝是怎么形成的这个问题，我们可以这样解释：有一天，爸爸的一个精子碰到妈妈的一个卵子，它们在一起变成一个受精卵，这个受精卵在妈妈的子宫里面慢慢长大，大概需要生长10个月，之后，就从妈妈的阴道里生下来了。

基本上，4岁孩子对于这样的解释已经很满意了。很多家长为了避免尴尬而没有使用专业词汇，而是用了比较卡通的比喻，如将受精卵说成小蝌蚪，这样反而会引起孩子的疑问：小蝌蚪长大了会变青蛙，为什么人的小蝌蚪不变青蛙？这样一来，问题就会越来越多。

不同的年龄阶段，孩子的问题自然不同，对父母的回答做出的反应也不同。5 岁的时候，孩子可能会继续追问"小宝宝在妈妈肚子里会动吗？"那时再继续提供信息，比如让孩子看看胚胎的发育图片。对于幼儿来说，我们不需要再提供详尽的回答，比如详细解释性器官，因为他们可能还不能真正理解。但是可以把一些切身体验告诉孩子，比如当妈妈听到宝宝第一声啼哭时的激动，一家人的喜悦之情，让孩子感受到自己作为一个新生命是受大家欢迎和爱护的，进而让他对年幼的弟弟妹妹产生爱护之情。

开始渴望了解性——关于性的几个回答

（1）可不可以和孩子一起洗澡

大多数孩子在学龄前基本上是由父母帮着洗澡的。而孩子关于人体的许多知识也是在这个时候得到的。当孩子有一天不想和你一起洗澡，或是开始有抵触情绪的时候，就是你和孩子不再亲子共浴的时候。

（2）男生掀女生的裙子，怎么处理

对于 4 ~ 6 岁的孩子来说，遮住的东西最令他们好奇。大人可以直接询问孩子"你想知道什么？"，听完他的问题后，不妨告诉他：每一个人都有一些地方不可以让别人看，除了爸爸妈妈帮你洗澡时可以看，其他人谁都不可以；如果有其他人看了、摸了你的隐私部位，你一定要告诉爸爸妈妈；既然你的不能看，那么别人的也一样，你也绝对不可以去掀开别人的衣服。

（3）偶尔看见人体图片，孩子指着男性生殖器官问那是什么时，该怎么说

大部分家长遇到这个问题，肯定会在回答与不回答之间进行一场心理斗争，但是孩子此刻仍用期待的眼神等候着我们的答案。因此，我们应该镇定从容、简单易懂地告诉他那叫阴茎即可，爸爸的尿会从那个地方流出来。

（4）妈妈为什么有乳房

有些男孩曾经因为发现妈妈的乳房大，自己的乳房太小了而急哭过。男孩最容易问："妈妈的乳房为什么这么大？"其实，妈妈回答这个问题并不难，而且也没有必要觉得尴尬。

首先要明确地告诉他，男人和女人的乳房不一样，男人的乳房都是小的，不是只有他一个人的小。妈妈是女人，身体的一些构造要为生小宝宝而准备。在生了小宝宝之后，妈妈的乳房里会充满乳汁，好喂给宝宝喝。为了给这些乳汁提供一个足够大的房子，女人的乳房就会长得足够大。

（5）孩子看到动物交配，如何解释

可以直接告诉孩子：动物是通过这样的方式繁衍后代的。甚至可以科学专业地告诉孩子，动物繁衍子孙的方法叫受精，植物传宗接代的方式叫传粉。

关于性教育的解释，越是镇定从容，越是简洁专业越好。家有女孩的家庭，可以在3岁的时候，多给孩子买一些芭比娃娃这种可以脱穿衣服的洋娃娃，等到四五岁时，女孩基本上可以理解大部分生理知识；而对于男孩，可以给他观看一些科普小视频或是简单的漫画来进行解说。

5. 遇到教养麻烦时请不要焦虑：这个年龄阶段共有的暂时现象

育儿焦虑应该是存在于大多数中国父母身上的共性问题。孩子1岁以前身体的各项发育，爬、坐、站、走等，如果稍微比别人家的孩子晚一两个月，有的父母就会恐慌，认为自己家的孩子与别人拉开了差距。随着孩子的长大，父母焦虑的事情将不会终止。

在 4 岁阶段，孩子会出现各种各样的养育麻烦，但是这些养育上的小插曲对他整个人生的影响，真的大到让我们焦虑不安的地步了吗？

答案当然是否定的。

对于教育，一定要用心，但是千万不要着急。

我们知道，万物生长都有其自然规律，孩子的生长发育当然也遵循一定的规律。也许在某一阶段，孩子的某些行为看起来好像不太成熟，但是这个阶段过后，孩子的行为可能就会朝着相对成熟的阶段发展。教育孩子，就应尊重孩子的内在成长规律，这才是对孩子根本的理解和爱护。

在孩子的成长过程中，一些标准或是行为规范只是一个平均值，每个孩子不可能都在这个平均值线上，有的可能早一些，有的可能晚一些。比如大部分接近 5 岁的孩子应该在食欲和进食速度上有所提高，但是如果你的孩子仍和他 3 岁时的速度差不多，也不要因此而过分焦虑。不要过早地给孩子下诸如"多动症""鼻炎""胃病""体质差""胆小"等各种病症病痛的结论。事实上，孩子的发育进程比平均值稍微落后一些，这是非常正常的。

同样，在天赋上，父母也要接受大多数孩子都是普通孩子这样一个事实，避免对孩子进行揠苗助长式的教育。要知道，每个孩子生来都是独一无二的，都有其自身的个性和特点。父母虽然对孩子有着很高的期望，但也要尽可能地做到尊重他们的个性、理解他们内心的想法，这样的教育才更有可能把孩子的潜能挖掘出来。

除了时间进程不同，在个性上，每个孩子也是不同的，可以说，每个家长都有着自己的烦恼。

　　　　满满是个 4 岁半的女孩，丁丁比她小半个月。两个孩子在同一个班画同样一幅画。很明显，无论是在配色的协调方面，还是线条的流畅方面，丁丁的画都更为出色。可是丁丁总是说"我画得不好看"，所以丁丁妈妈总是为不知道怎么鼓励丁丁而苦恼。潇潇呢，当妈妈建议她再修改一下时，潇潇却说"我觉得很漂亮啊，根本不用改，我不改"。

潇潇妈妈总是担心焦虑，孩子这么盲目地自信早晚会栽跟头。

丁丁妈妈则是发愁，孩子这么小家子气，没有自信，一点儿都不像男子汉，长大了可怎么办。

如果潇潇妈妈和丁丁妈妈互换，她们是否会停止焦虑？答案是否定的，她们肯定依然会焦虑。的确，现实生活中有太多这样的妈妈，她们希望自己的孩子是完美的，只要有一点儿不符合她们的期望，她们就会无比焦虑，甚至杞人忧天。

当孩子出现一些你意想不到或是想不明白的行为时，家长内心一定不要过于焦虑恐惧或是怒不可遏地训斥孩子。只有对孩子的成长规律有所了解，才能对他管教得更正确、更有效。接下来，我们将更为详细地阐述孩子的成长规律并提供一些切实可行的方法。

第二章

4岁孩子的惊人能力：
智力、身体发育突飞猛进

孩子步入4岁，你会发现他们变得更聪明了，对待很多事物都有自己的看法，语言能力呈现爆发式发展，能够完整地表达自己的意思。同时，他们的身体协调能力也有很大进步，运用和协调手指的能力基本完善，能够进行简单的自理，洗手、刷牙、穿衣服等方面几乎不再需要大人帮助。

1. 语言方面：语言技能快速发育

孩子出生头三年的语言能力，无论是在语言感知、语言理解，还是口语表达方面，都处于初级阶段，即被动接受着语言的发展，而到了 4 岁，他们语言方面的技能会突飞猛进。

据统计，从婴儿时期的一两个词汇开始，到 4 岁时，他们基本上能够掌握和使用 900 ~ 1000 个词汇，并且有了强烈的主动表达欲望。在 4 岁这一年中，大多数孩子都可以熟练地用简短完整的语言，表达自己衣食住行方面的需求以及内心所想。这时候，如果父母抓住这一语言敏感期对他们进行语言训练，如培养孩子的背诵能力，反复训练其对话能力，可使孩子的语言思维能力较快地得到提升。

开始领悟语言的强大魔力

4 岁孩子爱说话，不管是高兴时的甜言蜜语，还是生气时的牢骚，他们会不断地缠着身边的人当自己的听众。当然，如果没有听众，他们甚至可以对着玩偶，或是独自进行话剧表演，他们自创自编自导自演，乐此不疲。

4 岁孩子的语言学习能力是非常强的，比如，他知道并且理解了"长方形"这个词语，接下来便会反复使用。"桌子是长方形的""给我一张长方形的纸""我要一块长方形的积木"，他们开始不断掌握描述性词语，开始了对语言的装饰和包装。

随着 4 岁孩子的日益长大，大多数孩子对数字、文字产生了浓厚的兴趣。他们不仅会模仿大人的笔迹，照猫画虎地"画"出一些简单的数字，而且还能"画"出自己的名字。

动词、形容词，表示时间和方位的词，以及基本的句型和语法，4 岁孩子都在积极尝试。对此，也许很多成年人会认为，孩子是通过模仿大人来学习如何说话的。其实不然，正如儿童语言专家所说，孩子是通过倾听大人说话来学习人类语言中的规律，再根据这些规律，创造出自己的语句。可以说，孩子天生就有学习语言的内在装备，特别是孩子 6 岁之前，他们的语言能力是非常强大的。

正因为孩子学习说话不是通过课堂，而是通过倾听周围人的谈话。所以，孩子即便出现语法使用上的错误，父母也不要急着去纠正。不然，只会让孩子因为担心说错而感到焦虑，甚至会出现结巴的问题。其实，当孩子说错话时，父母只需要用正确的语言重新表达一遍就可以，但请记住，一定不要刻意强调孩子错在哪里。

更令人惊讶的是，他们对含有感情色彩的词语特别喜爱。"我害怕""爱""太棒了"这些都是他们经常使用的。当然，他们也开启了自己的"雷达"，不断搜索新鲜的情感类词汇。

有一段时间，4 岁的顶顶喜欢上了"打架"的游戏。"我们打架吧，你打我一下，我打你一下"。这可能是男孩本性的流露，阻止根本不起作用。后来的一天，顶顶想和妈妈玩打手心的游戏。该轮到妈妈打顶顶时，妈妈并没有打。

"妈妈，你为什么不打呢？"

"因为，我舍不得。"

顶顶的小眼睛满是疑问，但随即一亮，甚至有些湿润，马上依偎在妈妈怀中说："妈妈，我也舍不得打你。"

之后的日子，他又喜欢上了用"舍不得"这个词，还设置各种情境去表演。

诅咒敏感期："我恨你" = "我很生气，我想你理解我"

4岁孩子说出的那些甜蜜蜜的话语确实让父母们很是暖心，但4岁孩子在语言发展方面也呈现出"可怕"的另一面，那就是对"诅咒语言"的热衷，他们会经常说出一些狠话，让大人错愕不已。

一天晚上，伊伊和爸爸因为一点儿小事起了冲突，她冲爸爸大声说："我不要爸爸了，我恨爸爸！"之后，又跑到厨房，对妈妈说："妈妈，我不要爸爸了，让他去做别人的爸爸吧。"

还没等妈妈弄清缘由，爸爸就冲了进来。之前，伊伊这么说的时候，爸爸还能耐心地去哄一哄伊伊，并且劝导一下。可是今天爸爸发火了，狠狠地批评了伊伊，最后还呵斥她，如果再说这样的话，就挨打作为惩罚。伊伊害怕了，情绪这才平息下来。

晚上入睡前，伊伊又生气了，指着自己的苏菲亚洋娃娃说："我不要苏菲亚了。我要踩死她！"妈妈为了安抚伊伊，要抱着她睡，可是伊伊来回折腾，怎么也睡不着。结果不管妈妈怎么做，伊伊都不满意，最后竟然还生气地说："妈妈，我打死你！"

伊伊妈妈以为自己听错了，一是震惊伊伊的用词，二是惊讶她的情绪竟然如此激动，似乎自己做了什么令人发指的事情。伊伊妈妈疑惑地问："啊？"

伊伊又重复了一遍："妈妈，我要打死你。"还接连说了好几遍。

　　伊伊妈妈的眼睛湿润了，自己可爱的乖宝贝，突然之间变得如此凶恶，简直就像一个小魔头。这是怎么了？这可怎么办？

　　其实，伊伊妈妈大可不必如此焦虑和恐惧，也不必因为伊伊过激的语言而感到自己养育的失败，更不要因此给伊伊贴上一个"不懂事"的标签。其实，伊伊的表现是4岁左右孩子身上常有的行为，是其成长的必经阶段。她只是进入了生命中一个新的敏感期——诅咒敏感期。

　　诅咒敏感期一般从3岁开始，会一直持续到5岁，而在孩子4岁语言能力突飞猛进的时候，最为常见。当孩子们在生活中接触到一些不文明的话语，甚至是脏话和诅咒类的语言时，就喜欢模仿，只是他们还不太能分清楚使用的场合、对象，而且越是被大人制止他们就越是喜欢说。随着年龄的增长，大部分儿童会逐渐恢复正常，但是处理不当也会产生消极影响。

　　当发现语言竟然有着神奇的魔力，尤其是有些话能够像利剑一样打败别人时，孩子就会使用强而有力的语言来探索自己的力量，并时不时地观察别人的反应。而成人很怕儿童使用诅咒词汇，尤其是在外人面前和公共场合，一旦孩子使用这样的词汇，就会担心自己的孩子被大家认为没有教养。所以大部分家长会对诅咒敏感期反应强烈。

　　可是，当孩子们感受到这些词语的力量时，反而会特别关注和急于使用这类词汇。

　　处于诅咒敏感期的孩子经常使用的诅咒词汇有"臭""丑""屁""讨厌""恨""呸"等。使用情况可以简单分为两种：

　　（1）因为好奇和新鲜而使用，并故意向大人显示自己、挑战权威和炫耀好玩；

　　（2）因为生气和愤怒而出现的口不择言，这种情况属于情绪表达不当。

　　无论是上述情况中的哪一种，对于孩子来说，他们并没有"肮脏"或是"不道德"的想法，他们只是在进行语言的学习和使用，他们并非真的为了谩骂别人而使用这些词汇。孩子之所以使用这些词汇，是因为他们发现了这些词汇的神奇力量。成年人听到这些词汇时会紧张，这可是一个大秘密，"我能战胜大人们，就凭这样的句子！"很多时候孩子的心里是这样想的。

孩子骂人、说脏话的时候，引导重于惩罚

大部分孩子在诅咒敏感期使用诅咒词汇往往是出于好奇，所以，他们说脏话的时候，经常是笑眯眯的，完全把它当成一个游戏。如果是这种情况，淡化处理就是最好的方法。大人们的平淡反应，会让孩子丧失对诅咒词汇的兴趣，时间长了也就淡忘了。

一般来说，孩子只有在"诅咒敏感期"才会有兴趣去这样表达。但是如果大人对孩子的诅咒敏感期反应强烈，反而会提升孩子的兴趣，因为他们正在试探这些语言的作用。另外，如果孩子发现，在生活中说这类语言会让他获益，他很有可能会形成无意识的习惯，让说狠话、说脏话的行为继续延续下去。

除了淡化处理，大人也要自省自查，是不是自己或是其他家庭成员有说狠话、说脏话的习惯。如果问题不是出在自己家庭内部，就要排查孩子能接触的其他环境，在孩子年幼时，一定要适当减少他们与具有这种习惯的孩子或是成年人接触的机会。

上面我们也提到了第二种情况，也就是孩子因为不知道如何表达而说恶毒的言语，面对这种诅咒行为，父母要学会引导孩子进行正确的表达。

认知、理解和语言表达是一个统一体。孩子如果在语言表达上出现了问题，那么其在认知和理解上肯定不够清晰。

康康很喜欢用"死"这个词。高兴的时候，他会说"好玩，好玩死了""幸福，幸福死了"，愤怒和伤心的时候，会说"我恨死你了""我打死

你"，并且，"死"字被他读得很重。

如果你是康康的父母会怎么处理呢？当你的孩子开始讲粗话脏话的时候，大人最好不要以粗暴的态度喝止，可以先采取转移孩子注意力的方式，让孩子尽快停止说这些词语，之后找一个合适的时机对孩子进行引导。晚上入睡前是自省和总结的好时候，此时孩子的内心是平静的，而且安静的环境也有助于孩子理解大人的本意。

关于孩子热衷于这种诅咒语言的现象的原因，首先要考虑的是他语言表达上的不清晰，因为他并不清楚更好的表达方式什么。比如上面康康的案例中，康康的父母可以这样告诉他："我知道你说的'幸福死了'，是特别幸福特别幸福的意思。我们下次直接说'特别幸福'好吗？用'死'不太好听。"如果孩子理解了这一点，可以继续往下引导。"当你说'我恨死你了'的时候，我知道你是想说你很生气，那么你下次直接说'我很生气'，这样妈妈就明白了。"

当然，如果孩子理解能力足够好，但在清楚了你们约定的规则和界限后依然说脏话、狠话，那就说明孩子是在挑战规则。这个时候，父母就要告诉孩子这些话是不受欢迎的，以及这个行为会带来什么后果。比如，我们要明确地告诉孩子："听到这样的话，我很不舒服。我不想听到这样的话，如果你再说，我就躲到别的地方去。"

大人多向孩子示范正确的、温暖的语言也是必要的。多亲亲孩子的脸蛋，多拥抱孩子。在试探过语言的威力之后，孩子自然会明白，那些友好的、充满爱意的语言更令人感动，更能带给人温暖的感觉，迎来对方热烈的回应，这样他自然就会尝试用好的方式与人互动了。

父母要引导孩子用语言表达自己的想法

4 岁是幼儿语言发展非常重要的关键时期。孩子通过语言认识世界，通过语言来表达自己的想法，这样才能达到自由地与他人交流的目的。同时，语言对孩子形成开朗、活泼、自信的性格也有着十分重要的作用。很多负责一年级教学的老师，经常感叹一些孩子在拼音和语言学习上存在欠缺，严重的将会影响未来语文的学习，而这种欠缺与孩子在四五岁时语言能力没有得到很好的开发有很大关系。

那么在这个阶段父母要引导孩子进行语言表达，正确的做法是什么呢？

（1）在家陪伴孩子时不要沉默不语，多寻找话题和孩子交流

此阶段的孩子就像是海绵，对知识和新事物不断地吸收。家长要多给孩子提供说话和表达意见的机会，多和孩子说话聊天。不管是书籍、玩具、电视、新闻事件，都可以成为亲子交流的话题。父母需要当好引导者，多向孩子提问，鼓励他思考并说出自己的想法。高质量的陪伴是提高语言表达能力最基本的条件。

（2）多带孩子走出家门，通过外界环境激发孩子想说的欲望

带孩子观世界，才能带来世界观。父母有空时多带孩子去公园、书店、游乐园、博物馆等场所，一方面可以利用孩子感兴趣的事物，在玩的过程中拓展孩子的语言知识，另一方面，可以鼓励孩子与小朋友或是其他人进行谈话交流。有了环境就有了内容，想说的欲望就顺其自然地得到了满足，而语言能力也会因此得到提升。

（3）亲子阅读和睡前故事必不可少

4~6岁是孩子主动要求讲故事的阶段，家长一定要好好把握。睡前故事不仅是语言知识的补充，更是对孩子情感的满足。父母在睡前讲故事是孩子感到最温馨、最幸福的时刻。孩子依偎在爸爸妈妈身边，听着有趣的故事，会真切地体会到语言的美好。亲子阅读不仅可以规范孩子的普通话和语言表达，还可以培养良好的阅读习惯。家长可以用简单的提问帮助孩子更好地理解故事内容，让孩子说一说，表达对阅读内容的看法，从而培养孩子的语言表达能力。

（4）充分利用各种媒体让孩子接受语言信息

很多父母感叹："现在的孩子远比我们小时候聪明得多。"其实，孩子的模仿能力和接受能力都是相近的，但随着接触事物的不同，获得的见识也就有所不同。现今的孩子能够通过电视、电脑、手机等媒介接触到更多语言信息。4 岁孩子对于语言的记忆能力很强，他们可以很流利地说出一些自己觉得有趣的广告语；4 岁孩子虽然还不一定会写字，但是翻开一本书，往往也能认出几个常见字。

家长要注意选择和把关，寻找与孩子接受程度匹配的内容给他，也要控制好孩子使用媒介的时间。而且值得注意的是，使用媒介进行学习，但决不能单纯依靠媒介。

2. 运动方面：具备很强的身体协调能力和平衡感

到了四五岁的时候，很多家长对孩子的身体发育更加重视了。看见别的孩子很壮实，就开始担心自己的孩子是不是营养不良；看见别的孩子长得高，就开始担心自己的孩子消化吸收不好；孩子发烧感冒或是生病，更是忧心忡忡，生怕生病影响了身体发育。

在这个阶段，家长对孩子身体发育的担忧不亚于青春期。研究表明，孩子在四五岁的时候，身体面貌开始呈现差异化。这个时候的高矮胖瘦基本上为日后的身体大致定型。不过，这种定型主要来自基因方面的影响。

每个孩子都有自己的遗传基因，也有着不同的生长环境，所以每个孩子都有自己的发育进程和生长速度。只要孩子的身高、体重等生长值在合理的数值范围，曲线增长合理，而且外表看起来也是发育正常的，那么家长就不必过分担忧。

> 静静四五岁时的体型偏瘦，每次去亲戚家，总会有人说"静静看起来有些瘦啊"。这样的话听得多了，静静妈妈不免有些担心，于是开始给孩子各种进补，食物补、保健品补。这样到了三四年级，静静就像小皮球一样圆了，身体还出现了一些由于不当服用保健品产生的特征。这下妈妈更烦恼了。
>
> 现在静静妈妈回想，女儿四五岁的时候体型偏瘦，应该也是正常的，因为自己和老公小时候都不胖，而她自己也是在青春期前后才长了很多。看着现在的静静，妈妈想如果孩子四五岁的时候沉着冷静对待就好了。

接下来，我们总结一下这个年龄段孩子身体发育的特点，父母们可以作为参考，但每个孩子的发育程度不一，切不要刻板对照。

身体特征更加成熟

这个阶段的孩子，婴儿肥继续减少，脂肪下降，肌肉继续增加，逐渐形成强健和成熟的身体特征。在四肢上，手臂和双腿更加苗条，上半身狭窄成锥形。面部也会成熟，颅骨的长度有点增加，下巴将更加突出。同时上颌将加宽，为恒齿的生长提供空间。

尽管有些孩子可能比较矮小，有些则是胖胖的，但是只要身材匀称，便都是正常的。但是如果孩子的个头很高，却非常瘦，低于参照标准体重

2 公斤以上，或是长得又矮又瘦，就要格外注意，进行相关的体检。

动作能力全方位提升

这个年龄段的孩子能够独立完成前滚翻动作；单足站立能保持 5 ~ 10 秒的平衡；大人将皮球抛给孩子，他能够双臂弯曲用手接住球；会和家长玩"反着做"的游戏；能够说出常见物品的不同颜色（8 种以上）；能够将写有各种拼音字母的卡片两两配对；对常见物品有一定的记忆能力。

在身体机能方面，4 岁孩子就像是一台永不停歇的发动机。很多孩子每天的作息时间和活动安排得满满的，可是他们一点儿也不觉得累，稍微停歇一下，就会说无聊；很多孩子走路时，从来不是稳稳当当地走，而是步伐大而有力，有时甚至是连跑带跳；上下楼梯也是一蹦一跳，不愿意再扶着栏杆。孩子的下肢尤其有力和灵活，他们不再像半年前那样惧怕较高的台阶，也敢于尝试跳绳、溜冰等看似比较危险但是需要较大勇气的运动形式。

喜欢奔跑、攀爬、跳跃，总是动个不停，是 4 岁孩子在大动作方面的典型特征。他们不再机械地站立、跑动、蹦跳和行走，无论向前、向后，还是上下楼梯，他们的运动表现都十分灵活。很多孩子在行走的时候，还会用脚尖踮地，这是 4 岁孩子在平衡和控制方面的一个显著发展。

4 岁孩子的小手也更加灵活了，精细动作发展得更好了。他们大多能够灵活自如地掌握餐具，吃饭时不会撒出来太多食物，可以自己倒水喝，可以独自洗手，可以使用剪刀，并沿着线条剪线。他们很喜欢使用工具，尤其是对发现利用工具可以做什么非常有兴趣，比如剪纸刀可以剪出好看的形状。他们也很喜欢体验不同质感的材料，比如动力沙、橡皮泥、木珠。

在独立性方面他们也有了很大的提高，现在他们能自己完成的事不少了。拉拉链、自行脱衣服、脱袜子、解开纽扣这些小事不在话下；有的孩子还能独自做 20 ~ 30 分钟的家务事，比如洗手绢、洗碗、擦玩具等；还有的孩子甚至还能帮助大人照顾年幼的弟妹，当然这方面还不能过高地期待他们，请他们完成拿奶瓶等简单的工作，他们还是乐意效劳的。

在大多数 4 岁孩子身上，我们还会经常看到这样一幕：一旦有音乐响起，他们就会跟着音乐的节拍情不自禁地手舞足蹈起来。之所以会出现这样的行为，主要是因为 4 岁孩子对自己的身体能力有了一定的认识，他们不仅能够熟练地把握自己的肢体动作，而且他们的身体意识也开始萌芽。不仅如此，4 岁孩子还能比较贴切地描述出自己哪里不舒服、哪里感觉到疼。

而且我们还会注意到，4 岁孩子不仅喜欢通过游戏展现自己的实力，而且更希望周围人能够看到自己"无所不能"。比如当 4 岁孩子完成某一个比较难的动作之后，总喜欢向别人炫耀，喜欢听别人夸赞自己"你真厉害！"

运动和游戏

（1）手的活动——涂鸦

涂鸦不仅简单而且方便操作，既可以锻炼孩子手部的精细动作能力，还能培养孩子的审美意识。4 岁半后，孩子的绘画能力会突飞猛进，家长一定要格外关注，给孩子做好引领。

画梯子：先画出两条平行的长竖线，然后在竖线之间用虚线画出横线，在这个过程中，每一个环节都可以鼓励孩子来参与；

画梳子：把梳子的外轮廓画好，梳子的齿用虚线，让孩子描画竖线；

画小草：画面上有小牛、小羊，要吃草，让孩子画出竖线；

画泡泡：画面上小鱼在吐泡泡，让孩子画出大大小小的泡泡。

（2）下肢的活动——蹦蹦跳跳

在动作方面，可以引导孩子进行单脚跳，这样有助于锻炼孩子腿部肌肉的力量。活动步骤为：

开始时，让孩子抓住大人的手臂，鼓励他与你一起单脚跳。接着，可以利用像扫帚把儿那样的棍棒（高度到孩子胸部），让孩子手扶着棍子单脚跳。在这之后，还可鼓励孩子单脚从一个地方跳向另一个地方。只要孩子有进步就要适当表扬一下。

（3）比赛类游戏

这时候的孩子已经会和小伙伴们配合着进行游戏了，也有一定的竞争意识。男孩们依然很喜欢球类，可以进行踢足球的活动。女孩们对转呼啦圈等运动感兴趣，比一比谁转得久。无论男孩还是女孩，普遍喜欢滑板车，找一个平坦的场地，让他们开始一场比赛吧。

营养与健康

4岁孩子的食欲相当旺盛。即使在幼儿园有三餐两点，回到家中，孩子还是要吃东西的。这和他们每天活动量很大有关，而他们的身体也正处于快速生长阶段，家长要科学、合理地为孩子提供饮食。

在营养补充方面，尤其要注意满足孩子长高的营养需求，维生素D是促进钙质吸收及利用的重要物质，对孩子骨骼的发育特别重要。一般来说，牛奶、沙丁鱼、鲑鱼、鲔鱼、小鱼干、蛋黄、香菇等食物中富含丰富的维生素D，孩子应适量摄入。另外，足够的户外运动，也有助于吸收阳光自行合成身体发育所需的维生素D。

给孩子准备饮食需要特别注意的是：饭菜的粗细搭配、荤素搭配、干稀搭配，这对孩子的生长发育大有益处。

此外，还有一些生活小细节也要多加留意：

饥饿感是吃饭香的保证。

不要强迫孩子进食，尤其是在其兴奋、疲惫或对玩具专注的时候。

不要边吃边玩，要养成定时吃饭的好习惯。

3. 交流表达能力：以自我为中心和主动性占据主导

人际交往是通过一定的语言、文字或者是表情、肢体语言等表达手段将信息传递给他人的过程。孩子一出生，便开始了人际交往。婴儿时期，每一次的笑，每一次的哭；2岁时，每一次争抢玩具，每一次兴奋着急；3岁，会躲在妈妈身后偷瞄别人；4岁，懂得和小伙伴一起玩喜欢的玩具；到了5岁，能够带领弟弟妹妹冲锋陷阵；到了6岁，能够与售货员侃侃而谈……这一切，都是人际交往的发展。

人际交往，是孩子社会化的重要途径，也是孩子成长过程中的一门必修课。孩子在与成年人交往、与同伴交往的过程中，不仅学习如何与人相处，也形成了一部分非常重要的人生观、世界观。他们在交往过程中，试着看待自己和他人，发现彼此的不同，发展适应生活的能力。

良好的人际交往能力有助于孩子形成良性的情绪、情感，也有助于孩子形成自尊、自信的性格。这应该不难理解，孩子在与同伴友好相处的过程中，非常容易出现快乐地拍手鼓掌，兴奋地跳跃等行为。而当他感觉糟糕的时候，也会通过一些行为宣泄和调节不良情绪，平衡自己的心理状态。在这个阶段，人际交往比较多的孩子，往往认为自己比较有价值，这种自信的认知，无疑对未来的能力发展有着巨大的作用。

人际交往能力也有助于促进孩子的语言表达、思维理解能力。孩子在与同伴进行交往的时候，也在不断补充自己的认知；与同伴做游戏的时候，也在提高自己的动手操作能力，思考和解决问题的能力。孩子在幼儿时期，通过人际交往对学习的途径产生印象，长大后就会巩固向别人学习的想法，主动向他人学习，这是一种非常重要的认知方法。

另外，与父母的交往，往往能够更好地促进孩子语言的发展。父母能够为孩子提供最多的语音刺激、丰富的语言内容、更多的表达机会，这些都能引发孩子的表达欲望，在日常生活中不断演练，而这一切都在极大地丰富着孩子的词汇。

3 ~ 6 岁的孩子，在人际交往和沟通表达上，不同的阶段也有着不同的特征，而且不同的个体也有着稍微的差别。总体上说，4 ~ 5 岁孩子在交流表达上又有哪些具体特征呢？

开始以自我为中心

4 岁时，孩子的思想以自我为中心和被动性占据主导。到了 4 岁，这种特征出现了过渡性。4 岁以前，由于孩子的认知和其他能力尚且不足，往往会选择最原始、最直接、最有效的方式解决问题，也就是哭闹，在人际交往时也不能多角度地去看待问题，不能进行换位思考。所以，孩子在 4 岁以前，很容易出现"不讲理"的情况。父母对待孩子的方式，以满足和安抚为主。

到了 4 岁，孩子的能力有了一定的进步，其中表现最为明显的就是开始以自我为中心了。这也就是很多孩子经常会把爸爸妈妈气得又哭又笑的原因。遇到事情后，他们开始从别人的角度去思考并理解别人的想法，比如以前他们会想"我生气了所以打人"，但是现在他们却会想"打人会让别人很疼，会受到伤害"，所以，即使不是下一次，下下次孩子也会尝试去控制自己的情绪，选择用别的方法发泄自己的情绪。

朵朵最近就是这样，每次发完脾气，说完凶狠的话后，就自己躲在一旁哭，几分钟后，又向妈妈道歉并说出自己的心里话：

"妈妈，对不起，我不该发脾气。"

"妈妈，你是不是不原谅我啊？"

"妈妈，我不想发脾气，可是就是烦。"

"妈妈，我总是发脾气，怎么办？"

每次看着哭成泪人的朵朵，妈妈真是心疼。可是，她又真切地感受到孩子内心的自责、无助、痛苦。

"妈妈知道，妈妈没有生气，朵朵已经很棒了，一直在控制自己。"

"朵朵一直在进步，一直在努力。"

"要是原来，你很快就发脾气了，但是妈妈知道你一直在努力控制自己，妈妈相信坚持这样做，你肯定越来越好。"

……

每个人都有生气的时候。对于 4 岁的孩子，事后的安抚和引导非常重要。父母要尽可能地用语言去阐述，不管是道理还是事实，多与孩子沟通，这对他们绝对是非常有益的。

从被动到主动，给予孩子鼓励和支持

4 岁的孩子开始尝试和自己喜欢的人主动交往。他经常会要求妈妈带着自己去亲戚家，这样就能看见其他兄弟姐妹了。到了晚上，更是会不断要求去邻居家找大哥哥大姐姐玩。从幼儿园放学回来，也想去同伴家里玩上一会儿。这些要求都是他们主动提出来的。很多大人觉得经常这样难免会招人厌烦和给别人添麻烦，便总是不断想办法阻止孩子的这种行为。

这样做是不恰当的，不要生硬地掐断孩子的交往需求。如果真的有打扰到别人的顾虑，可以事先与孩子约好玩耍的时间、次数、要求。上门之前，与对方进行通话，时常带一些小小的拜访礼物。同时，去拜访的家庭如果也认为孩子需要小伙伴，你们达成了这样的共识，会更有助于孩子交往能力的发展。

4 岁的孩子，自信心在逐渐增强，独自游戏的时间逐渐减少，群体性游戏逐渐增加，俗语称之为"贪伴儿"。他们在群体交往中，也能彼此体谅和照顾，从而出现了"游戏伙伴"和"小团体"等 4 岁前没有的现象。

请支持保护这种"小团体"。小群体中的分享、互助、合作，将有助于他们一生中交友乃至为人处世原则的培养。也许若干年后，他们依然会记得曾经有这样一个人，他们"青梅竹马"，尽管样子和情景都是模糊的，但是就是这样的模糊影像，是他们儿时最珍贵的回忆。

尽管 4 岁孩子愿意主动交往，尝试使用更好的方式解决争端与问题，但是整体来说他们还是缺乏交往技能的，很多时候仍然需要成年人提供帮助。

培养交往品质

良好的个性品质，是人际交往的基础条件，也是个人吸引力最重要的因素之一。父母作为孩子的第一任老师，最重要的养育目标就是帮助孩子塑造健全的人格。当然，这仍然离不开父母的用心引导。

多多的表姐是个二年级的小女孩，从小就乖巧懂事，总是能够很好地照顾弟弟多多，多多也常说自己最喜欢表姐了。有一天，表姐看见多多的万花筒，非常喜欢。多多妈看出孩子的喜欢，就说："多多，我们把万花筒送给表姐好吗？"可是多多却不愿意给。

为了避免发生冲突，多多妈妈没有强行把万花筒送给表姐。之后，每次去表姐家，多多妈妈都要潜移默化地提出"要不要给表姐带个礼物""因为爱，所以想要用礼物表达心意""表姐会喜欢什么"这样一些想法。

后来的一天，多多主动把万花筒送给了表姐，当然这已经是三个月后的事情了。

玩具可以说是孩子占有欲的最后一道防线。对于零食或衣服等物品，他们可能很愿意分享，但是要将自己的玩具送给别人绝对是一个很大的挑战。

大人如果贸然地强迫孩子分享玩具，肯定会激起孩子的强烈反抗，甚至让孩子对分享产生误解。相反，如果用正确的方法慢慢地引导孩子，孩子便会逐渐理解分享的意义，变得愿意分享，愿意与别人交换礼物。

掌握交往技巧

4岁的孩子之所以被称为狂野的孩子，不仅是因为他们经常会出现一些狂野的行为，更主要的是他们内心往往知道了对与错，可就是无法平衡自己内心最原始的欲望和冲动。在人际交往中，他们的内心常有这样的纠结：我想和他玩，可是我不知道怎么玩。这时就需要成年人的帮助了。

（1）鼓励孩子进行各种形式的交往，增加孩子交往的频率

平时多给孩子创造交往场合和时机，与同龄人、长辈一起玩，而不是干涉。若是能够帮助孩子，形成比较固定的玩伴就更好了。

（2）鼓励主动交往

在购物、问路、用餐、去医院、旅游时，引导并帮助孩子主动交际，比

如可以让孩子去帮忙，还可以给孩子设置一些小任务去完成，同时大人也要将一些应有的礼仪礼貌教给孩子。要经常和孩子交流自己的感受，强化孩子的交往体验，同时给予一定的肯定和建议，让孩子乐于交往，善于交往。

（3）掌握一定的交往技巧

在这个阶段，孩子需要感受并使用的交往技巧有倾听、分享、协商、建立规则等。其中，倾听尤为重要。有些小朋友只顾自说自话，不管别人是否回应，而等到别人对他们说话的时候，他们又着急地打断，插上自己的话。家长需要让孩子意识到，学会倾听，不仅仅是对别人的尊重，也能让自己更好地理解语言，充分的倾听才是接下来发表见解的基础。在家庭生活中，父母首先要学会倾听孩子，不随便给予孩子任何主观上的判断，在孩子尽情倾诉的时候，做到真诚地倾听。

当然，任何技巧的掌握都不能一蹴而就，父母要不断地在鼓励中激起孩子的交往兴趣和欲望，并用宽容的态度来看待孩子在人际交往中的表现，这样才能慢慢提高孩子的交往能力。

4. 玩耍方面：玩耍的级别越来越高，有了更高层次的追求

对于玩耍这件事，4岁孩子真是显示了令人惊讶的创造能力。

除了在自由玩耍开始之前需要成年人十几分钟的示范、引导和陪伴之外，4岁孩子自主玩耍的时间持续得越来越长，并且在玩耍的时候很独立、

顺利，不会出现什么问题。他们也随时准备好了去做任何事情，即使是一整天的时间，他们也能很好地规划好。与此同时，父母几乎能把自己解放出来，去做其他的事情。

4岁孩子在活动方面，能够主动玩一会儿玩具，主动画一会儿画，看上半个小时的动画片，另外玩跳舞毯、在黑板上写字也是他们热爱的活动项目。可以说，4岁孩子对身边几乎所有的物品和玩具都充满了强烈的好奇心，即使哪个熟悉的玩具不见了，他们也能发现其他好玩的东西。

但是，由于4岁孩子的好奇心很强，对于以前没接触过的东西总是充满向往，希望能得到它。可是一旦他们得到了，往往没玩一会儿，便会失去兴趣，转而又去玩别的了。这是4岁孩子普遍存在的一个发展特点。因此，这个阶段可以说是孩子玩具数量最多、家里最乱的时候。

父母一方面要满足孩子这种对新事物渴求的心理，尽量地满足孩子对不同种类的玩具的渴求，比如为孩子准备不同种类、不同造型的积木，还有纸张、彩笔、塑料剪刀等；另一方面也要设立必要的规矩，比如每次玩积木只能摆弄一套，画画每次限制五张纸等，让孩子对价值和使用量产生认识。当然，父母们需要在玩之前就把规矩说好，而不是在孩子玩得兴高采烈的时候才加以控制。

热衷户外运动

如果是4岁的男孩，让他们在泥巴和积木中做选择，大部分孩子会选择泥巴；而在4岁的女孩眼里，滑梯的魅力很可能会大于洋娃娃。总之，那些更自由的户外活动，会比那些摆满东西的室内活动更适合4岁多的孩子。

众所周知，大自然是教育孩子最好的舞台。法国思想家卢梭说过："大自然拥有增强孩子身体和使之成长的办法。"对于4岁孩子来说，但凡有机会到户外去玩，他们都会表现得非常积极和兴奋。

事实上，大多数孩子到了 4 岁，基本上都可以在一块较为安全的空地上玩耍，而父母这时也不必一刻不停地紧随其后。要知道，4 岁孩子身上蕴藏着巨大的、不可估量的潜力，总是能玩出新花样。

以下这些户外活动就比较适合 4 岁孩子：

（1）快乐竞走

父母和孩子一起先找一颗大树做起点，或是用笔在一块安全、空旷的区域画一条起点线，然后在大约十米的地方，画一条终点线。当发令声一响，孩子和父母就开始快步走路，比一比看谁最先到达终点。这个活动不仅可以锻炼孩子的四肢，还能提高他们的平衡能力，同时也能让他们体验到户外活动的乐趣。

（2）藏猫猫

藏猫猫可以说是孩子们永远也玩不腻的活动之一。若是来一次户外藏猫猫，不仅可以培养孩子丰富的想象力，激发他们探索周围世界的热情，还能锻炼孩子在户外这个大环境中的反应能力，以及对声音和方位的判断能力。

（3）丢沙包

在安全的户外草地上，父母可以和孩子一起玩丢沙包的游戏。开始的时候，父母可以鼓励孩子尽可能地将沙包扔远，然后再将飞出去的沙包捡回来。慢慢地，再引导孩子接沙包。这个游戏可以锻炼孩子的全身力量，而且也能让他们学习投掷的技巧。

除此之外，在一年的各个季节，父母都可以陪孩子参加契合季节特点的户外活动，例如，春天到公园踏青，夏天在水上嬉戏，秋天爬山登高，冬天打雪仗、滑冰，这些户外活动既可以锻炼孩子的四肢，又能让孩子领略大自然的美景。

不仅玩得有趣，还更有想象力

4 岁的孩子是一个建造师。他们玩拼装玩具的热情和技术都又上升了一个台阶。积木常常被孩子组合成各种造型，给父母带来一些意想不到的惊喜，在这里我们推荐乐高玩具，小块乐高积木不仅有助于锻炼孩子的手部肌肉，还因其丰富多样的零件，可以锻炼孩子发挥自己的想象力，从而创造出各种情境。

另外，沙发靠垫、抱枕、枕头，这些大物件也能成为孩子喜欢的玩具。他们总是乐于搭建属于自己的"窝"，得到成年人的赞赏后，自己又会躲进里面，然后玩起自编自导自演的情景游戏。比如，孩子会把心爱的毛绒玩具抱进她的"家"，然后模仿妈妈的样子，一边给毛绒玩具哼唱摇篮曲，一边拍它们入睡。

这个年龄段的孩子乐于对不同类型的玩具进行混搭，富有创意地组合在一起玩，并乐此不疲地进行更多的尝试。他们可以让飞机、火车与恐龙、大象相遇，变成最有创造力的幻想情景剧。

他们自己不仅是游戏的导演，还是游戏的演员。有时他们会端着枪，幻想自己是拯救世界的英雄；有时他们会拿着拖布，认为自己是勤劳的妈妈。女孩子还可能披上一条丝巾成为仙女，穿上高跟鞋成为公主、娘娘。

当然，他们也会邀请成年人加入他们的幻想游戏，当 4 岁孩子跟你说这些话时，请尽可能地不要拒绝。

"妈妈，我搭的这个堡垒坚固吗？"

"爸爸，咱们玩打架（他们还不会说战争）的游戏吧？"

"猴子要怎么画呢？"

当孩子热情洋溢地问你这些的时候，你的回应对孩子来说非常重要。

角色扮演是最热衷的游戏

过家家的游戏，在这个阶段也必不可少。大部分女孩可能玩得更好，而男孩也不会拒绝。孩子在 4 岁这个阶段，认知、思考和理解能力大大得到拓展，自然想要去尝试一下，过家家的游戏便开始了。

小女孩往往热衷于模仿妈妈或医生的样子，她们一会儿穿上妈妈的高跟鞋在屋子里"咯噔咯噔"地走来走去，一会儿又拿起听诊器，听一听"病人"的心跳，给"病人"打针吃药。而小男孩则更喜欢扮演爸爸或是消防员，有时他们会拿起一个类似手机的玩具，学着爸爸的样子煞有介事地和"客户"谈生意，有时他们又会拿起一个类似管子一样的东西，在屋子里"呲呲呲"地四处扫射。

正因为孩子们对家庭琐事观察入微，所以才能模仿得惟妙惟肖。他们表演打电话、与人交谈、吃饭、洗澡等活动，将每个家庭成员的神情与动作都模仿得入木三分，而家里的一切东西都会成为他们表演的道具。值得注意的是，在这个阶段，父母要格外注意自己的言行举止，传递给孩子良好的生活行为习惯以及良好的家庭氛围。

此外，孩子们也常常表演上学、治病、坐公交等各种生活情境。他们接触过的生活都会成为他们发挥想象力的题材。孩子借着这种方式来加深对社会的理解。父母可以借机教会孩子一些生活常识，也要对一些社会现象、他人的行为给予恰当合理的解释。

对音乐的感知能力越来越强

在 4 岁这个阶段，音乐对孩子来说有着极强的吸引力，大部分孩子都喜欢欣赏美妙的音乐，会跟着音乐进行哼唱，而且能唱出经常观看的动画片的主题曲。

那些韵律感和节奏感都不错的孩子，音乐的潜质也在这个时期被发掘了。父母可以根据孩子的情况，带孩子去听演奏会，为孩子选择适合他的乐器进行学习，对孩子进行声乐训练，参加合唱团，这些都可以引领孩子更深入地走进音乐的世界，并从中获得成长的能量。音乐不但是非常好的放松身心的方式，还能赋予人更灵敏、更细腻地体会情感的能力。

关于看电视这件事

现如今，电视、手机等电子产品越来越吸引孩子的注意力，这一点，相信很多家长都深有体会。4岁孩子喜欢电视基本上是喜欢看卡通动画。男孩和女孩对于卡通动画的偏好会稍微有些差别，但是并不会像七八岁后那么明显。

但是，一个不可回避的问题就是电子产品会有损孩子的视力，而且长时间接触电子产品还会扼杀孩子的想象力，然而在这样一个互联网的时代，让孩子彻底不接触电子产品也是不可能的。为此，父母应该对孩子看电视加以限制，规定好可以看什么、什么时候看、看多久。

父母率先给孩子进行初步的筛选和控制，以防孩子的身体和心理受到负面影响。最后，多些时间与精力陪伴孩子，才是让孩子远离电子产品的最好方法。

喜爱大自然的一切生命

4岁孩子已经开始理解生命，对其他生命体的好奇，让孩子非常想养一只小宠物，或种植一株植物。

当然，孩子也会藉由饲养小宠物而收获很多东西，比如，从小和宠物一起玩耍的孩子，他们的童年往往会更加有趣；在与宠物朝夕相处的日子里，孩子可以了解到生命的成长、繁衍；当孩子有了宠物后，你可能会惊奇地发现，他们变得更会关心别人。所以，让孩子照顾宠物不仅有助于培养他们的爱心，还能提高他们的责任感。需要注意的是，父母在他们建立意愿的最初就要告诉他们，一旦他们开始养活什么，就需要承担起接下来种种细碎的料理工作，给植物浇水，给动物喂食，如果是小狗要经常带出去溜达，处理小动物的粪便，等等。这样不但能锻炼他们的动手能力，还能在无形中给予他们教育，那就是无论你想养育什么都要付出足够多的耐心，而不只是一开始的热情。

与动植物建立连接的过程，能够丰富孩子的情感。在长期的观察、照料活动中，那些亲手养育的动植物将成为他们很好的朋友。孩子期盼着它们的成长、变化，也在这其中体会到喜悦、快乐。他们还可以通过观察动植物的生长过程对生命的多样性有更丰富的感悟。比如，一株绿植的顽强，一只小仓鼠的孜孜不倦，一只小狗对自己地盘的占据，等等。如果孩子所养育的动物死亡、植物枯萎，孩子感到悲伤，父母可以与孩子谈谈生命的周期，适当地告诉他生命均有始末等道理，相信我们的孩子能够理解和面对。

绘画以及其他活动

4 岁左右孩子的绘画处于象征期。此时，孩子通过涂鸦练习，已经能用手腕和手指画画了。随着心理能力的发展，他们已经能够进行有目的、有意识的绘画活动。这个时期的绘画，也常常让人感到惊叹。对于有天分的孩子，他们的想象力，他们对色彩的敏感度，他们对绘画的执着，几乎每天都要自己主动画上一段时间。

在绘画方面，彩笔、蜡笔、手指画、剪切这些活动孩子们能控制得比较好，而毛笔、水粉、泥塑可能控制得就要稍差一些。

一些大人们常常在做的家务活儿，也让 4 岁孩子很喜欢。比如，他们喜欢摆碗筷、擦柜子、叠衣服。不过，当大人要求孩子去学习这些事情的时候，他们又很难听从安排。只有他们把这些当成游戏的时候，他们才乐于去做。适当地做一些家务对孩子身心有益，可是不少父母却不喜欢孩子进行这些活动，他们担心孩子把家里弄得乱七八糟。

其实，父母完全可以在平时的亲子互动中，多和孩子一起创造有意思的玩法，这样一来，不仅能激发孩子的创作灵感，培养他们的想象力，同时也能增强孩子独立探索的自信心，让他觉得自己想办法很有乐趣、很有意义。总之，让孩子去体验吧，他获得的肯定比破坏的要多得多。

5. 认知、思维能力：反应能力有时候甚至超越大人

思维、认知能力双向发展

近一年来，媛媛的父母经常会因为生活上的分歧而吵架。一开始，媛媛妈妈并没有注意到这对媛媛的影响，可是最近在和媛媛聊天时，她发觉自己该反思一下平时的做法了。

周五下午，妈妈对媛媛说："又到周五了，爸爸该回来了。"爸爸在外地上班，每到周末才会回家。妈妈心想媛媛肯定是想念爸爸的，就问她想不想爸爸回家。

"我有点儿想，又有点儿不想。"媛媛想了想，很为难又很认

真地说。

"为什么？"妈妈有些不解。

"因为你们总是吵架。"媛媛越说越激动。

女儿才4岁多竟然就有了这样的想法，妈妈听了既惊讶又感慨。

还有俊俊，有一段时间他特别不愿意上幼儿园，竟然为此和妈妈"谈判""辩论"了两个多小时。

诸如"我不想去上学""上学没有意思""我想在家玩"这些话，4岁孩子都能清晰明确地表达。说到激动处，甚至还能说出"我要自己一个人去生活"这样的话语。

这些从孩子口中说出的成熟的话语，有些令人哭笑不得，有些令人心疼，也令人深思。4岁孩子，不管是在认知上，还是思维上比前三年都有了质的变化。

爱问"为什么"

很多父母都会发现，4岁孩子特别喜欢问为什么，"为什么白天没有月亮""为什么天黑就要睡觉""为什么小鱼在水里游"等等。可以说，4岁孩子的小脑袋瓜里装满了无穷无尽的问题，对周围的一切事物都充满了浓厚的兴趣。如果给他们自由提问的环节，他们可以就一张地图提出100个问题，而且你的回答常能引发他们兴奋的情绪，并激起他们问更多新问题的兴致。

很多时候，4岁孩子之所以会不停地问"为什么"，是因为他们开始关注除了自我之外的事物，这是孩子探索世界、渴望认知新事物的明显表现，是这一阶段孩子好奇心的发展特点。

因此，当父母面对孩子奇奇怪怪的"为什么"和如饥似渴的求知欲时，一定要有意识地保护孩子的好奇心。对于孩子穷追不舍的"为什么"，要给予积极的回应和耐心的解答。要知道，每一个"为什么"的背后，都是一次绝好的教育机会。如果发现孩子是因为觉得问"为什么"好玩而瞎聊的话，我们就可以用机智幽默的方式转移话题，而不要冷漠或是武断地切断话题。

成年人给予孩子的解答，应该使用他能够听得懂的语言，是含有温度的、形象的甚至是修饰过的语言，以能让他理解为最终目的。

表达欲望非常强烈

很多时候，我们会注意到，当你和家人聊天时，如果你的 4 岁孩子也在场的话，他们总是喜欢插嘴，甚至还会强行打断你们的谈话。其实，这并不完全是孩子不懂礼貌，而是他们有着非常强烈的表达欲望。如果大人忽视了孩子的需求，或是没有给予他们表现的机会，孩子就会唐突地插话。

不仅如此，4 岁孩子还喜欢把自己知道的事情第一时间讲给亲人或是其他小朋友听。有时他们还会和外人讲述自己家里发生的事，例如，"昨天，我爸爸带我去游乐场玩了""生日那天，我妈妈给我做了一个大蛋糕"。他还喜欢展示自己的常识，把自己懂得的告诉别人："这个是四个轮子的。""这个字是水。""狮子用这个颜色涂。""这个是翼龙。"……

他们的喜怒哀乐等各种情感也会通过语言表达出来。他们会说"我讨厌你""你不用理我了"这样的话语来表达自己的不满；也会说出"我最爱你""你最漂亮"这样暖心又感动你的话。总之，他们感受到的一切，都是他们一吐为快的对象。

4 岁孩子不仅有着非常强烈的倾诉欲望，而且还能用丰富的词语表达自己的想法。很多时候，他们会表现得非常开朗，愿意把自己的心里话告诉别人，这既让听的人感到愉快，同时也锻炼了孩子的社交能力。

如何引导孩子的思维能力通过语言表现出来

4岁孩子的思维能力往往会通过语言表现出来。他们会用语言表达一些认知，比如毛巾是用来擦手的，钢笔是用来写字的。

4岁孩子会使用定语、状语来形容他要说的事物，比如漂亮的、帅气的、飞快地，也会使用"虽然……但是"等关联词，能够听从大人提出的一连串要求，比如"先去洗手，然后把手擦干净，再去拿一个苹果给妈妈"。

绝大部分的孩子已经能够回答类似这样的问题：什么会打鸣，什么会飞，什么时候会打哈欠等等，他们也可以就一些问题进行思考，并提出自己的解决办法，比如"吃饭之前，要做什么""玩具玩完后要怎么做""见到了大姐姐，要怎么打招呼"等等。

通过以上几种描述，我们可以看出4岁孩子不仅在语言上有了很大进步，而且思维能力也能通过语言表达出来。那么，父母应该怎么对待孩子的这种能力呢？

　　每天晚上入睡前，都是琳琳和妈妈最温馨的交流时间。一天晚上，琳琳突然提了这样一个问题："妈妈，什么是'两口子'？"

　　妈妈顿时有些惊讶。

　　"两口子，是夫妻的意思，比如爸爸妈妈，爷爷奶奶，姥姥姥爷。"

　　"那为什么没有琳琳？"

　　"爸爸妈妈加上琳琳，就是三口人了。"

　　说到这，琳琳就开始笑了起来，她觉得非常有意思，正好最近在幼儿园她在学数数，于是便开始像说绕口令一样说着：

"爷爷四口人，奶奶五口人，大姐六口人，舅妈七口人，大舅八口人，姥姥九口人，姥爷十口人。"

那一天晚上，妈妈几乎跟琳琳复习了家里所有的亲戚。

多与孩子进行交谈，多给孩子解释一些现象和行为，多给孩子表达的机会，多让他认识事物，让他了解因果始末关系，了解整体与局部，让他形成思维和观点。

第三章

爱他，就要了解他：

与4岁孩子相处的技巧

养育4岁之前的孩子并没有什么捷径，主要是需要你足够细致、耐心，并且掌握一定的基本常识，然而，这一切会在孩子4岁后变得大不相同，这时的你需要更多的技巧来应对这个小大人了。尤为注意的是，孩子的一些反常表现，也许恰恰是在告诉你他需要帮助。那么，怎样做才能更好地了解孩子、接纳孩子呢？

1. 父母的职责：了解孩子的内心，更好地爱孩子

　　教育从来不是一件轻松的事情，而大部分父母都是没有经过岗前培训就上岗的，即使有，也不过是前人经验，等到自己真正成为父母时，难免会遇到很多意想不到的情况。从这个角度说，家庭教育确实非常难。但是，家庭教育也可以变得简单，只要你掌握了它的秘诀——爱。

　　那么，父母应该如何爱孩子呢？了解孩子的内心是前提。

丰富的内心世界

　　前面我们已经列举过 4 岁孩子种种张扬而美好的特征。而他们的内心世界又可以归纳为三点，了解了这三点，父母对孩子的爱就能做到有的放矢了。

　　（1）对身边的一切都保持浓厚的兴趣

　　4 岁前的孩子对周围事物充满好奇，但探究往往不太深入，也难以坚持较长时间。而 4 岁后，孩子的好奇就转变成兴趣甚至探索实践了。他想要去了解他没有见过的事物，想要钻研，会刨根问底；他努力观察、学习、询问和尽力理解；为了能够更加充分了解新事物，孩子往往还会做出各种尝试和实验。

　　比如，你去看一看孩子的玩具筐，有很多都是被"肢解"了的，家里

的大部分东西也很可能被孩子动过地方甚至"改装"过。这时孩子与父母的矛盾往往随之而来。不过，大人越是阻止孩子的行为，孩子越是任性地想要尝试。

因此，大人一定要控制自己的脾气，以理智的方式指导孩子的行为，保护好孩子珍贵的好奇心。要知道，在孩子充满热情的时候，他学会的知识和动手能力的价值肯定要大于他所能破坏的。束缚了孩子的手脚，也就是束缚了他探索知识的欲望。多给孩子一些鼓励和指导，他们才能更好地学习知识，提高能力。

（2）情感变得丰富

4 岁的孩子，情感变得丰富起来，高兴、生气、担忧、悲伤、恐惧等大部分情感他都体验过，并且能表达出来。之所以能有这些感受，是因为他们对很多事情有了比较深刻的认识。

4 岁的孩子，还不太会隐藏和控制自己的情绪，因此家长要对孩子的情感反应做出积极正向的回应。让孩子在高兴和快乐的时候能够感受到爱和尊重，在恐惧的时候能够感受到安全和平和，在愤怒的时候能够学会镇定和控制，在悲伤的时候能够学会调控和改变。当孩子的每一种情感都有了出口，内心得到引导和安抚，有了不好的情绪时就不会只是以发脾气的方式来表达了。

（3）喜欢说"不"

4 岁的孩子往往会有这样的认识，这个世界上，好像每个人都有自己的想法，而我也有自己的想法。可是为什么很多时候爸爸妈妈都要我听他们的话呢？我可不可以不听呢？孩子有了这样的认识，但还不足以认知到正确的想法，内心是有些焦虑的。当他们对于大人的话不理解、不明白的时候，就常常会用"不"来表示抗议。

4 岁孩子的"不"，更多地代表着宣告，是他们在通过这种方式来确认自己的价值。因此，父母也不用觉得孩子有多叛逆，而是应该调整心态。

平时，当孩子很执拗地宣告"不"的时候，父母可以暂时找点儿别的话题或事情转移孩子的注意力，或是以更为幽默、平淡的方式来化解孩子的抗议。事后，再对孩子进行疏导和解释，效果就会好很多。

怎样说，孩子才愿意听

为什么你希望孩子做到的事情他总是做不到呢？

他怎么一点儿都不理解呢？

讲了八百次，孩子为什么还不明白做事的方法呢？

为什么孩子就不能主动点儿呢，总是需要大人的提醒和催促？

用尽各种办法让孩子好好吃饭、快点儿吃饭，捡起地上的玩具，不要在床上跳来跳去，去超市不能随便要东西，道理讲了，奖励用了，表扬用了，可是他还是会犯同样的错误，下一次还是会提出同样不合理的要求。这是为什么？

答案显而易见，因为他们还是个 4 岁的孩子。在这个阶段，他们大多还没有能力全面地考虑问题，做不到思前想后；他们不会迅速从错误中吸取教训，屡次犯同一个错误是常有的事；他们也无法很好地控制以自我为中心的心理，而且生活经验的缺乏让他们还不能掌握好处理问题的方式，他们更习惯以直接的方式——哭闹、委屈来表达自己的意见和情绪。孩子们在成长过程中都必然要经历一系列错误，同时这也是对父母的考验，在此阶段，他的错误应该由你买单。

了解孩子的内心，要能够说出孩子听得懂的，且只有孩子听得懂的教导，孩子才会听、才会改。

那么，什么是孩子听得懂的呢？形象的、有趣的，与他相关的，他能感受到的，他才能听懂。什么时候他会改呢？涉及到好处和坏处的时候，他就会改。因此，道理要讲，但绝不是干巴巴地命令。

（1）讲好处，即让孩子明白如果他表现得好，就会有好的事情降临在自己身上

"当你愿意给小妹妹一个橘子时，小妹妹也会把自己的苹果分给你一半。"

"抓紧时间吃饭，我们就能多玩一会儿。"

"把你的玩具收好，下一次你就能更快地找到他们了。"

讲好处之所以能够奏效，是因为孩子生活在自我的世界中，在很多情况下最先考虑的是对自己的影响。讲好处有助于激励孩子养成良好的行为习惯。

（2）讲坏处，即告诉孩子做错事将会有不好的事发生，一般是提前给孩子讲坏处，避免孩子出现错误行为

"如果你玩弄小狗，小狗可能会咬你。"

"你在楼梯上跑上跑下，很可能会摔伤。"

"如果你打人，别人就不愿意和你一起玩了。"

讲坏处不是威胁和吓唬。坏处要适当，并且让孩子明白一个事实：他的不良行为对他完全没有好处。同时要注意，如果家长总是给孩子讲坏处，会引起他的反感，很快就不配合了，因此讲坏处一定要适当和节制。

（3）讲"爱心"，即让孩子形成爱心，考虑别人的感受

虽然 4 岁孩子以自我为中心的意识非常强烈，我们理解和尊重他们的特点，但并不等于我们要娇纵孩子，任其发展。讲"爱心"，就是召唤孩子内心有爱、善良的一面，鼓励孩子去为他人着想，体会他人的心情，由此，孩子会渐渐明白自己的言行不仅会对自己造成影响，还会影响别人。

"你这样做会让妈妈难过的。"

"和别人说谢谢，别人会非常乐于帮助你，下一次你还会获得别人的帮助。"

"妹妹哭了，你去安慰一下妹妹吧。"

这样孩子逐渐会明白很多抽象概念，比如善良、关心、帮助、同情、悲伤、公平等，孩子的思想品质以及美好情感都会获得启发。

2. 如何和你的 4 岁孩子正确对话

4 岁孩子有时候张狂有时候可爱，有时候懂事得像大人，有时候任性得像小恶魔，总之让人又爱又愁。父母想要与 4 岁孩子友好相处，并且带给孩子最好的教育指引，首先要把握好这个阶段孩子的个性特征，并采取一些技巧，这样亲子相处才是愉快并幸福的，教育指引才是无痕有效的。

那么，什么样的技巧更加有效？什么样的管教理念更有利于孩子成长？在与孩子相处的过程中，家长需要注意哪些事情呢？

针对孩子的感受做出回应，而不是针对行为

大卫刚进家门，就发现儿子在沙发上生气。大卫走到沙发边，与儿子坐在一起，对他说：

"我看到一个生气的孩子，不，是特别生气。"

"对，我特别生气。"

"为什么？"

"为什么你总是不在家？我从幼儿园回来你从来没在家。"

"原来是这样。爸爸特别高兴，因为你这么爱我、想我，我

也特别高兴你告诉了我，我现在知道了你希望从幼儿园回来后我在家里。"大卫顺手把儿子抱了起来。

儿子一下子坐到大卫腿上，眉开眼笑，和大卫腻了一会儿，然后就自己去玩了。

大卫真是一个智慧的父亲，这么快就解决了一个相处难题。想一想，大卫是怎么改变孩子情绪的呢？他并没有用自己不在家的理由来辩护，比如"我出去工作了，如果不工作怎么给你买玩具"。他也没有问："你为什么生气？"大卫也没有以生气的情绪回应孩子："怎么天天发脾气，你就不能懂事一点儿？"更没有以暴力威胁："老实点儿，今天我也烦着呢，别惹我。"

生活中，大多数父母总是试图说服孩子、打败孩子，想让孩子知道他们的某些行为是非常不对的。其实，这种想法本身就是把关注点放在了孩子的行为上。其实，我们更应该去寻求孩子行为背后的原因和隐情，去发现他们真正的情绪和感受，然后针对孩子的感受做出回应。

4 岁孩子的情感是极其丰富的，有时候自卑敏感，比如画画画了两次，但还是画不好时，就会把画纸撕了；有时候渴望关注与爱，比如对父母的指令直接违抗；有时候是失望痛苦，比如成绩不尽如人意时。

父母针对孩子的感受做出回应，对他们的情绪予以理解和关怀，才能真正化解冲突矛盾。

不要动不动就对孩子发号施令

"要让着弟弟妹妹。"

"吃饭时不能说话。"

"让爷爷奶奶先坐。"

"十分钟之后，我们就出发。"

你是不是经常这样和孩子说话？父母给孩子的指令往往多得像山一样。

对于成年人，他们会很烦别人在旁边发号施令或是指手画脚，而我们张狂的 4 岁孩子，同样是如此。

自我意识逐渐发展的孩子可不再是任由大人摆弄的两三岁小孩。整天发号施令的父母，在孩子眼里就是一个暴君，而他们则是随时都可能揭竿而起抵抗指令的起义军。对孩子来说，命令式语气和冲他们发脾气没有什么两样，得到的结果自然可想而知。

你晴天我便艳阳高照，你阴天我便暴雨相对，孩子是最不会藏着掖着的。不告诉孩子为什么要谦虚有礼貌，为什么要举止合乎规范，只是用命令的语气对孩子发号施令，他们的第一反应自然是反感和生气，因为他们的自我意识是那么强烈，其次他们的自尊心也容易受挫，长期的压制会让他们认为自己什么都不会做。

想要告诉孩子正确的做法，就要用孩子听得懂，又容易接受的方式进行。与孩子的对话可以是这样的：先听听孩子的想法，让他说出自己为什么"这样做"，心里是怎样想的，父母在倾听的过程中表示出对他的理解。然后让孩子听听父母的想法，父母也要说出自己希望孩子"那样做"的心理动因，比如，"我不希望你吃饭时乱动，因为我担心你的身体健康。"孩子充分理解大人的意图之后，更容易倾听接下来的具体要求。经过这样的对话而做出的决定，孩子自然会认为这是自己获得的结论，而不是听从别人指挥。更主要的是，经过这样的分析，孩子的记忆会更加深刻，因此也能很好地执行。

另外，由于 4 岁正是孩子幽默感形成的关键时期，因此，当父母对孩子有所要求时，若是能适时地说一些好玩的、有趣的话，或是做一些滑稽的、搞笑的动作，孩子可能会更乐于接受你的建议与要求。比如，当孩子的玩具被小朋友抢走而啼哭不止的时候，你不妨走到孩子跟前，轻轻地拍拍他，安抚他说："怎么啦，小宝贝，怎么哭得跟小花猫一样？"当孩子听到你温柔、幽默的话语时，他的反应肯定会正面得多，说不准还会被你的话逗得咯咯咯地笑起来。

多用正面的、鼓励性的、幽默的言辞，才是最好的口令方式。

满意的称赞 VS 不快的称赞

夸奖和赞扬对 4 岁孩子来说，非常重要。这个阶段，自信的形成就是源于别人的认可和夸赞。称赞永远都不嫌多。

有时候，即使父母不夸孩子，他们也会经常自言自语夸赞自己："妈妈，我棒吗？""妈妈，我这样是不是很帅？""妈妈，我是不是超级厉害？"

为此，父母可以夸赞孩子良好的卫生习惯，比如饭前主动洗手、睡前积极刷牙等；也可以夸赞孩子在某些活动上的点滴进步，比如跳舞时的腿部动作越来越标准了。

不过，虽然孩子都喜欢听表扬的话，但并不是所有的表扬都能发挥好的作用。父母在对孩子进行表扬时，一定要注意以下四个方面：

（1）必须明确为什么要赞美孩子

父母在赞赏孩子的时候，一定要让孩子知道为什么这次孩子得到了赞赏，让孩子知道他什么地方做得对，什么地方值得肯定。父母要把话说得具体而到位，才能真正起到激励作用。

（2）赞赏孩子的天赋与赞赏孩子的努力同样重要

很多父母认为，赞赏孩子不应该过多夸奖孩子的天赋和优势，而应该着重赞赏孩子的努力。的确，赞赏孩子的努力会让孩子形成正确的人生价值观，但是这并不是说孩子的优势和天赋是不需要赞赏的，特别是在孩子小的时候，他们还不能很清晰地认识自己，父母在他们自身具备的天赋和优势上进行赞赏，会有助于他们认识自我、树立自信，激发出更大的潜力。

（3）赞赏孩子的创意与赞赏孩子的学习同样重要

随着孩子独立意识的发展，他们能够勇敢地进行各种创造，而且他们的"金点子"常常层出不穷，当父母在这方面对孩子进行赞赏时，无疑会增强孩子探究世界的欲望。而正常的认知学习也是十分必要的，是孩子将来进行创造活动必备的基础，同时创造性又激励着孩子获得更多的基础知识。这两方面相辅相成，父母都应该鼓励。

（4）必须从内心赞赏孩子

千万不要低估4岁孩子的观察力和思考力，他们能从你的语气、你的眼神和神态，以及你的动作中洞悉一切。当你赞赏孩子时，不要敷衍，不要夸大其词，更不要盲目。只有让孩子感受到你的真心，看到你眼睛里的光芒，孩子才会受到真正的鼓舞。

（5）一定要注意赞赏的表达方式

赞赏孩子时，描述你所看见的和你所感受到的，比干巴巴地赞赏要更有效果。当他弹奏完一首曲子时，你可以说："刚才那一段的节奏太棒了，我仿佛是置身世外桃源，我看见了漂浮的云朵，我看见盛开的桃花，我甚至听见了泉水的叮咚声和小鸟的啾啾声。真是太美妙了。"这样的赞赏显然比"你弹得真棒！"更有感染力。

赞赏孩子时，可以在描述你的感受后，给孩子值得赞赏的行为总结一个词。比如你可以告诉孩子："你弹得如此投入，投入是一个钢琴家必须的素质，真高兴你做到了。"

示弱也是一种智慧

在中国家庭中，有一种常见的亲子相处模式，即强大的父母，弱小的孩子。这样的模式不仅会让孩子产生依赖感，还会让他们积累弱小感、怯懦感。很多事实也证明了这种相处模式的失败之处。相反，很多平凡的父母往往会培养出格外优秀的孩子。

懂得向孩子示弱的父母反而会成就孩子的"强大"。父母一定要理解，示弱并不是软弱，示弱也是一种智慧。

晚上，因为妈妈白天的工作很多、很是疲惫，于是小贝的爸爸主动去厨房做饭。妈妈对着正在玩玩具的小贝说："小贝，妈妈有些累，你能帮妈妈拿一下拖鞋吗？"小贝妈妈楚楚可怜地对儿子说。

小贝看了看妈妈，可能是被妈妈疲惫和可怜的神色感染，赶紧去帮妈妈拿拖鞋。

吃过晚饭后，妈妈又说："小贝，帮妈妈捶捶腿吧！"

"让爸爸捶吧。"

"爸爸在刷碗，爸爸也在帮助妈妈，你也帮助一下妈妈好吗？你是小小男子汉，也是妈妈的依靠。"

小贝听了这样的话，立刻过来帮妈妈捶腿。

爸爸这时候出来了，说："小贝真棒，以后我们俩一起照顾妈妈，爸爸出差了，你就是家里的顶梁柱。"

"顶梁柱是什么意思？"

"就是像奥特曼一样，最厉害的人，大家都喜欢的人，都尊敬的人，都需要的人，所有的英雄都是顶梁柱。"

小贝听了，更起劲儿地锤了几下，还说道："妈妈，以后我照顾你。"

当然，孩子的热情还不足以持续太久，不过小贝妈妈已经很欣慰了。

就这样，陆续又有了几次"小贝照顾妈妈"的体验，现在的小贝只要看见妈妈有些疲惫，就开始积极地送上"爱心拳"，当然，这份福利也惠及了爸爸。

尽管成年人经常以爱孩子、为孩子好为出发点而扮演权威、强大的角色，其实适当向孩子示弱，是有益处的，有助于增强孩子独立面对这个世界的力量，而且这些积极的、成功的自我体验，也是孩子自信、勇敢等正面情绪的来源。

《倾听孩子》的作者帕蒂·惠芙乐就非常看重这一点：建议父母每天给孩子半个小时的亲子时间，在这半个小时的时间里，父母要放下成人的架子，与孩子打闹成一团，任凭孩子扮演强大的角色"驾驭"自己，借以帮助孩子释放白天在成人世界中积累的弱小感，并与孩子建立良好的亲子关系。

首先，在生活上，学会向孩子示弱，学会对孩子放手。

尽管那些强忍着病痛为孩子做饭、收拾玩具、整理洗漱的妈妈是令人尊敬的，但是如果孩子的"回报"是一边玩着游戏一边抱怨妈妈做的饭菜不好吃，这样的结果必定是令人心痛的。生活上向孩子示弱的妈妈，会告诉孩子自己生病的事实，并要求孩子来照顾自己，帮忙端水送药。结果，不但提高了孩子的生活自理能力，而且还培养了善良、同情、理解别人的优秀品质。

其次，在学习上要学会向孩子示弱。

很多孩子在遇到困难的时候，都习惯向父母请求帮助。"妈妈，这个应该怎么画？你帮我画。""爸爸，这个该怎么装啊？"大部分父母都会积极配合，好像不回答就显得自己知识不够或是不认真对待孩子，生怕挫伤孩子的积极性。

其实真正的学习积极性应该是学会思考。孩子轻易从父母那里得到答案，就减少了自己思考的机会。父母在学习方面的示弱，有助于让孩子自己尝试解决问题。

比如，操作玩具时，鼓励孩子多动手，自己当孩子的小学徒，可以使用这样的示弱语言："能不能告诉我，怎么样才能像你一样做得那么好？""下一步该怎么做呢？是不是这样？""太厉害了，我小时候还不会呢！"

父母主动向孩子请教问题，让孩子做自己的老师，这样孩子学习的主动性更容易得到提高。

合理管束，树立权威

合理的管束，可以帮助孩子确立基本的做人做事的准则。

管束孩子是告诉他们行为的标准，即什么样的事情可以做，什么样的事情不能做，什么时候应该做什么样的事情，以及为什么要这么做。

管束要有权威性，要让孩子知道你提出要求时是严肃认真，不轻易改变的，并且你提的要求是伴随着惩罚或是奖赏的。不过，管束时不要惩罚得太多，奖励应该多于惩罚，不可从生理和心理上虐待孩子。

管束还应该具有责任性。在某一件事情上对孩子进行管束，应该包括提前解释、中间执行和事后监督三个方面。特别是如果因为父母的原因导致出现错误，父母更应该主动向孩子检讨。

管束还应该保持一致性，这样孩子才能建立起统一的行为标准。比如，即使爸爸对妈妈的管束有异议，也最好在孩子不在场时，再与妈妈进行讨论。这么做，也是保证管束的权威性。

管束并不只是提出要求，还应该有实际的引导。很多父母也许会认为"引导"是非常抽象的概念。其实，引导很简单，就是你控制好自己的情绪，带着爱和热情、鼓励和赏识去告诉他正确的做法，带领他去做。

3. 与 4 岁孩子相处的 6 个技巧

技巧 1：如何巧妙地给孩子下命令

轩轩妈妈每周都要到画画班去接轩轩放学，可是每当妈妈让轩轩赶紧收拾画具，换好衣服和鞋子的时候，他总是像没有听到一样。妈妈提高音量之后，他又跑来跑去跟妈妈闹着玩，这时，"斗争"就开始了，妈妈只好发起"暴君模式"，轩轩接着就是又哭又闹。

有一天，妈妈要赶着去办一件事情，时间很紧迫，可是轩轩还是老样子。

"轩轩，你要是再不走，我就把你的画具全部扔掉。我说到做到，快点儿收拾。"妈妈说完真的冲了过来，猛地抓住轩轩的手，孩子手里的水彩笔瞬间撒了一地。

"我讨厌妈妈！"轩轩大喊。

妈妈在轩轩后背狠狠地拍了一巴掌。

轩轩"哇"地哭了起来，教室里的学生和家长们都看向这边。轩轩妈妈当即觉得很丢脸，但是她的心里比谁都伤心难过。

对于很多父母来说，这样的情景都特别熟悉，屡见不鲜，甚至也在自己家发生过。那么，请思考一下：妈妈对待轩轩的方式有什么不对？轩轩为什么不听妈妈的话？有什么技巧能让轩轩更配合妈妈呢？

简简单单的三个问题其实牵扯了很多因素，包括轩轩在 4 岁这个年龄阶段的基本行为方式、性格习惯以及妈妈的行为方式。

很多父母认为，父母给予了孩子生命，孩子理所应当要尊敬父母，也应当乖乖遵守父母定的规矩，孩子还要理解父母的难处，按照父母的要求去做。可在现实生活中，这些父母的孩子却很难像他们所期待的那样听话，究其原因，不得不说正是和父母的这种心态有关。

孩子们不听话，发脾气，并不是为了惹大人生气，很可能是因为他们的心里话还没来得及说出来，比如说：

他们根本没有办法按照你说的去做；

他们不知道究竟应该怎么做；

他们不知道为什么要听你的话；

他们认为不听话就能继续做他们想做的事情；

他们自己想做的事情比起被父母要求去做的事情更有意思。

所以，父母越是责问，孩子就越抵触，反抗也就越激烈。所以要想让孩子遵守规则，父母就应该给孩子更明确的理由，而绝不是简单粗暴地施以"我是家长，我说了算"这样的命令。

没有哪个孩子能百分之百服从家长定的规矩，如果有，那也基本上是长大了的孩子。4 岁的孩子动不动就会闹脾气，作为家长，要认清这一点，在自己心中先预估出合理的期望值，然后掌握一定的定规矩的技巧，这样才能让孩子"乖乖听话"。

父母要注意，与孩子交流的时候，指令一定要简单、具体、直接，比如"把玩具收起来""去洗手""把电视关掉"等，而不是对孩子说"赶紧准备好""把房间收拾一下""你自己去玩"等模糊笼统的甚至需要多个动作才能完成的命令。

给 4 岁孩子发布指令，需要注意三点：一是提醒孩子看着你，二是告诉孩子怎么做，三是站在旁边看结果。

很多父母都习惯一边做事一边对孩子下命令，这样做就会削弱命令和规矩的严肃性，孩子也无法感受到父母内心的坚定。所以，在给孩子下命令时，父母不仅不能分神，还要学会如何吸引孩子的注意力。

吸引孩子的注意力，最简单的一个办法就是叫孩子的名字。有的父母尝试用这种方法，在平时称呼孩子的小名，可是一旦有事情需要"谈谈"或是"提醒"的时候就用全名。这种办法让孩子产生了条件反射，容易提起精神。父母在叫孩子的名字时，一定要和孩子产生眼神交流，离孩子近一点儿。如果孩子不理，父母可以直接面对孩子说："看着我。"否则，没有眼神交流的命令，就会降低孩子听话的可能性。

一旦和孩子有了眼神交流，父母就可以告诉孩子应该怎么做了。和孩子说话时，注意要用能引起他注意力的方式直接表达出命令和意愿；不要采用询问的方式，而是要以尊重的态度、坚定的口吻直接告诉他怎么做，注意孩子要执行的事情一定要是具体的，并且一次只讲一件事。

不要和孩子争论不休。大多数孩子都会讨价还价，父母不必向孩子过多解释他为什么要服从命令，只需要告诉他一个简明的理由，比如"因为吃饭的时间到了""因为我们要出门了"。不要过多理会孩子的闹腾，说得越多，就越容易让自己的情绪失控，更不利于问题的解决。

养成让孩子复述命令的习惯。当孩子明白并接受命令后，家长就可以"乘胜追击"，"既然你明白了，那就重复一遍吧。"在孩子重复的时候，要纠正他说错的地方，最后要给予鼓励："真棒，那你就去做吧！"

孩子听从了命令并不是最终结果，家长还需要站在旁边看着孩子执行，持续20秒。这样做，是给孩子施加一定的压力，促使他完成命令。但是，站在一旁，只需旁观，决不能大吼大叫，更不能挖苦责骂，那样只会激化矛盾。

如果孩子听话地完成了，一定要马上夸夸他。这样做能及时肯定他的好行为，让孩子明白他以后也应该这样做。

技巧 2：一个拥抱、一个眼神都有着神奇的作用

很多中国家庭，都有这样一个共同点：抚摸、拥抱、亲吻等最原始的情感表达方式，在孩子 5 岁后父母就几乎很少使用了，亲子沟通只剩下干巴巴的语言表达，说教、指责成为家庭教育的主要手段。这样一来，亲子沟通随之变得枯燥乏味起来，失去了生命原有的色彩和温度。

拥抱、眼神都是亲子沟通中的重要法宝，沟通的总效果 =7% 的语言 +38% 的声音 +55% 的表情。一个拥抱、一个眼神往往有着神奇的作用，父母一定要充分重视这些非语言沟通的效果。

不过，即使是简单的眼神和拥抱，在使用的时候，也需要真正的用心。

作家周国平就曾写过《父母们的眼神》这样一篇文章，里面有这样一段话："我不忍心看中国父母们的眼神，那里面饱含着关切和担忧，但是缺少信任和智慧，是一种既复杂又空洞的眼神。这样的眼神仿佛恨不能长出两把铁钳，把孩子牢牢夹住。我不禁想，中国的孩子要成为具有独立的人格的人，必须克服多么大的阻力啊。"

那么，既有关切又充满着智慧的眼神，具体应该是什么样的？

（1）关爱和鼓励

这两种眼神是大多数父母都能做到的。但是当你用关爱的眼神看着孩子的时候，不能指望让孩子把心中所有的秘密都讲给你听，更不能因为自己眼中有了关爱就强迫孩子去讲。很多父母经常在那些自己期望的事情上会自然而然地鼓励孩子，却容易忽略孩子自己真正想做的事情，而长期以来的打压会导致孩子不愿意再和父母自由自在地交谈，也会逐渐变得不自信，这是尤其需要父母重视的。当孩子兴冲冲地和你讲他的一个主意时，即使听起来很不可行，你也不要急着皱起眉头说出否定的话，而应该用鼓励的眼神看着他认真倾听，鼓励他把自己的计划说完。然后，你总能找到他的想法中值得赞许的地方，用爱的目光看着他，把那些闪光点概括地说

出来，孩子会在内心中感激你认真听完他的想法。接着，在温柔的目光交流中，说出你的建议，孩子会更能心平气和地接受。

（2）宽容

这种眼神是不少父母容易忽视的。孩子一旦犯错，很多父母经常是劈头盖脸一顿批评，然后强迫孩子认错，或是让孩子做一些保证。很多时候不用大人说，孩子已经知道自己错了，在他惴惴不安，紧张无比的时候，父母如果首先给予一个宽容的眼神会令孩子如释重负。尤其是在孩子认错之后，父母更要注意向孩子投以谅解的目光。这对于引导孩子进步是至关重要的。

（3）惊叹

这种惊叹是表示你对孩子的认同、赞赏，为他由衷地自豪。这样的眼神会让孩子感受到鼓励，大大提升孩子的自信心。

（4）信任

给孩子信任的眼神，就是支持孩子，相信孩子有这份能力。孩子走路跌倒时，给他信任的眼神比赶紧过去扶起他更为重要。同样对于4岁的孩子来说，他们是如此地渴望成为一个独立的人，能够独立完成事情，只有给他们信任的眼神，他们才能在摔倒和犯错的时候尽快地恢复过来。

对于4岁的孩子来说，除了眼神，拥抱也是他们极其需要的。

拥抱的需要是个人安全感需要的一种最基本的形式。人在与温暖松软的物体接触时最容易感到愉快。从最初在子宫里孕育到后来被母亲怀抱，人类的第一次安全感的满足便来自于拥抱。每个人都有这样的体会，我们的皮肤在受到触摸时对情感的体味最为深刻，而身体的接触则是表达某种强烈情感的最佳方式。

所以在孩子尚且年幼的时候，一定要让他充分感受到你对他的爱，与他尽量多地进行一些身体接触。而且，科学研究证明，经常给予孩子拥抱有利于孩子智商和情商的提高，对孩子的身心发展非常有好处。一位教育家说过，一个孩子每天需要4次拥抱才能正常生活，8次拥抱才能维持情感，16 次拥抱才能成长，父母通过对孩子亲一亲、抱一抱可以传达自己对孩子的爱，而孩子也会真切地感受到父母对自己的爱，并且给予回报。

当孩子难过时，给他们一个安慰的拥抱；当他们自卑时，给他们一个鼓励的拥抱；当他们取得好成绩的时候，给他们一个赞扬的拥抱。其实，这是很多父母平时都可以做到的，出门前，睡前，孩子犯了错时，能想到的任何时刻都可以拥抱你的孩子。因为拥抱对孩子如此重要，聪明的父母更是从不吝啬给孩子的拥抱。

早上起来，由拥抱而开始，即使整个白天你们不能见面，也能让孩子感受到父母的关爱；睡前由拥抱结束，即使孩子必须闭上眼睛面对黑暗，心中一想到有父母拥抱，也会感到温暖和明亮。

习惯性的拥抱，会让子女时常体会到来自父母的关爱。即使有一天，孩子已经长得如你一般高，你的拥抱他也仍然需要。

技巧 3：帮助孩子结交年龄相仿的同伴

最近一段时间，糖糖妈妈感觉遇到了人生中最大的困难。

她与老公都是公务员，公公婆婆也刚退休。四个大人的工作都比较清闲，因此有充足的时间带孩子。但就是因为这样，问题才出现了。

因为家人照顾的时间较多，孩子 3 岁时他们没有送幼儿园，到了 4 岁时，上幼儿园的事情才提上日程，然而并不太顺利。幼儿园开设了为入学做准备的启蒙班，但是糖糖妈妈感觉糖糖非常不适应启蒙班的生活与学习。在幼儿园进行的一次心智能力测试中，糖糖更是问题多多，被定义为"情商发展不足"。糖糖平时看电视都得有人陪着，不能独立吃饭，不会和小区的孩子一起玩，在游乐场也是只和自己家大人一起玩。

　　糖糖妈妈这才明白正是因为家里大人的寸步不离才导致了孩子胆小、怯懦，不能独自面对陌生人、不爱说话、不能独立等问题。

　　早教专家给糖糖妈妈的建议是在小区里给孩子找一个合适的玩伴，最好是活泼开朗的小朋友。伙伴能够给孩子带来很大的影响，伙伴之间的交往也能够让孩子成熟起来，并弥补与父母分离的失落感。

　　为了孩子，糖糖妈妈努力地和小区的邻居结交起来，陪儿子和其他孩子玩在一起，也会请小朋友到家里来做客或是带糖糖到别人家拜访。在你来我往中，糖糖的性格果然开朗了不少，有时候还会主动要求和小朋友待在一起。

　　随着年龄的增长，4岁孩子对朋友的需求越来越强烈。他们希望将自己的想法与观点传达给小伙伴，因为年龄相当，更能玩在一起，也更能理解对方的想法，更能获得共鸣，得到支持与理解。在这方面，小伙伴显然比父母更具优势和吸引力。比如，几个孩子可以把一堆沙子翻来覆去玩得不亦乐乎，但是父母很难从中找到乐趣，所以，站在"同一战线"的伙伴比"教育者家长"更得孩子心。

　　给孩子寻找一个固定的玩伴，在固定的时间一起玩耍，在4岁这个阶段是非常有必要的。父母们要尽力去创造这种机会。

技巧4：再忙也要陪孩子玩耍

　　在4岁这个年龄段，父母即使工作再忙，也要抽出一定的时间陪孩子做游戏。游戏是孩子的天性，也是培养亲子感情的重要的一环。

　　越是忙碌的父母，越要抽出时间来陪孩子玩耍，在这个时间，父母一定要全身心地投入，因为敷衍的陪伴不仅会让孩子感到失望，还可能让孩子感到伤心。在游戏的过程中，父母应该尊重孩子的思维方式，不要随意打断或干涉。当孩子遇到困难或挫折的时候，父母要及时给予鼓励和帮助。

除了玩一些常规的亲子游戏外，父母还可以给孩子准备一个台历，告诉他：如果他想去某个地方玩，可以请大人帮忙记在这个台历上。

除了去这些确定好的固定地点陪孩子玩耍，还要多给孩子创造一些奇遇。4 岁的孩子喜欢新奇和神秘的事物，所以，父母也要有一颗充满好奇的心，和孩子一起探索世界，也要尽己所能地把一切都变得有趣起来。

> 冬冬妈妈每天早上都要送孩子上幼儿园，虽然从家里到幼儿园只有短短的十分钟路程，但是冬冬妈妈都能把这十分钟变成一场短暂的奇遇记。
>
> "冬冬，快看！我们要经过垃圾桶大魔怪了，要打败它。"
>
> "你看那几个字是不是将军留给我们的信息，究竟写了什么？"
>
> "接下来，我们该到哪里了？"
>
> "你看那棵树的影子像什么？"
>
> "将军，我们今天要走哪一条路线呢？"
>
> "将军，今天如果在幼儿园胜利，回来就给我加餐巧克力甜筒！"
>
> 冬冬妈妈把自己完全当成一个孩子，并且把自己带入了孩子般的神奇世界里，这不仅能够增加孩子生活的趣味性，也能在玩耍的时候让孩子学到知识。

技巧 5：给孩子充分的话语权

现在的孩子，和以前相比，出现了很多具有时代特色的特点，首先就是几乎所有的孩子对话语权的要求都很高。

以前的孩子,包括我们这一代父母都被教育成"大人说话,小孩别插嘴",并且认为是天经地义的。可是,这种教育论调已经不适合现在的孩子。

从出生到3岁,孩子的自我意识逐渐加强;到了4岁,他们非常渴望表达自己,并且参与到别人的事情中。

> 媛媛是个爱美的小女孩,到了4岁,她的"爱美情结"就更加明显了。每天早上她都要坚持穿自己搭配的衣服,比如这双鞋子是搭配这件衣服穿的,那件外套是搭配那条裤子穿的,等等。每当妈妈为媛媛添置衣物的时候,媛媛也一定会有自己的意见。

> 安安是个活泼可爱的男孩,而且特别贴心。最近这些日子,他的小嘴跟抹了蜜似的,总是夸赞妈妈漂亮,还有一点,就是一定要参与妈妈穿衣服戴首饰这些琐事。"妈妈你穿这个""妈妈,你站起来,我要看看""妈妈,可不可以拿这个包"等等,每一次他都会提出自己的意见和建议,并且希望妈妈能够采纳。

4岁的孩子已经发出了自己的渴望请求,父母一定要听到他们内心的这种呼唤,保护并且引导这种需求对于培养孩子的独立能力非常重要。那么,父母平时该如何做呢?

首先要创造让孩子自己动手的机会。

"儿子,你自己去洗手洗脸。"有位妈妈洗漱时,也不忘记叫上儿子。虽然孩子才4岁,但他已经很乐意去做他自己能做的事情了。有这样的动手机会,妈妈从不忘记叫上他。再比如到超市购物,这位妈妈也会拣一些较轻的东西让儿子拎着,特别是给儿子买的东西,更是要他自己拿着。

显然这位妈妈是很有智慧的。父母要尽可能地创造一些让孩子自己动手的机会，如过节了要清理房间，你可以对孩子说："爸爸妈妈跟你来个竞赛，看谁的房间整理得最漂亮。"这样一来，就能引导孩子自己动手，使他们愿意自己的事情自己做，而且还无形中提高了孩子的独立生活能力。

参与合作是现今社会发展对人们提出的新要求，而一个缺少参与合作精神和能力的孩子，未来的发展一定不会理想。父母只有给予孩子一定的家庭发言权，允许孩子参与大人的谈话，参与家庭计划，才能慢慢培养他的合作意识和能力。而参与又会让孩子感觉到自己在家庭中的重要性，让其意识到自己也是个独立的人，跟父母一样可以参与家庭事务，这也是培养孩子独立性的一个方法。不要认为小孩子不懂事，殊不知，孩子将来参与社会合作的语言思维能力和交际能力都是在家庭这个摇篮里培养出来的。

技巧 6：放下手机，给孩子高质量的陪伴

动画片《萌宝满天飞》中的一段台词值得所有父母深思。孤独的小男孩内特对工作狂父母说："你们忙吧，忙吧，一不小心我就上大学了。"他还对爸爸说："我顶多再崇拜你两年。"内特的话令人心疼，但却一针见血。小男孩孤独的内心一直渴望着父母的陪伴，可是父母感受到孩子的期盼了吗？

生命的成长，让孩子留给父母的时间并不多，你准备在孩子成长的历程中留下什么印记呢？

几乎所有令人头疼的儿童问题，比如沉迷游戏、极其黏人、脾气暴躁等，最终都能找到一个相同的源头：父母陪伴的缺失。这是儿童心理学和认知行为研究家都认同的结论，说明了父母的陪伴是多么重要。

孩子的成长离不开父母的陪伴，爱他，就要给他高质量的陪伴。如果你希望孩子好，那就花一半的钱，但要花两倍的时间。

一项调查结果显示，现代孩子从父母那里得到的陪伴时间非常少。很多父母都有这样一个疑问，我每天都在陪孩子，怎么还不够？

重点来了，陪着和陪伴完全是两回事。

陪伴不仅仅是出现或和孩子在一起。没有理解到这一点的父母，肯定经常对孩子说这样的话："我一下班回到家就跟你在一起，你还想让我怎么样？"于是，很多家庭经常会出现这样矛盾的情景：一方面孩子大哭大闹、脾气暴躁、非常黏人、难以满足；另一方面父母就算心力交瘁也要陪着，然而结果却是孩子越来越黏人、越来越蛮横，孩子和父母都为此感到委屈和绝望。

对于特别难带的孩子，这些父母内心的想法其实是赶紧解决问题，于是按压着心中的烦躁在陪着；即使对于并不难带的孩子，在时刻不离手的手机面前，父母们太容易分心了。仅有的亲子时间也想着怎样抓拍才能把宝贝的可爱面貌呈现在朋友圈，甚至不少父母完全撇下孩子只顾埋头刷朋友圈。除了手机的诱惑，大人的脑海里要惦念的事情也很多，可能是明早要做的早餐，可能是明天要和老板汇报的工作，由此造成了"虽然身体在陪着孩子，但脑子里却装着别的东西"的现象。

而孩子的心灵和眼睛却跟明镜似的，他们纯净又敏感，你的那些所谓的陪伴其实比缺席更严重，孩子甚至得出这样的结论：即使我们和父母在一起，我也无关紧要，因为父母总是在考虑别的事情。

于是缺少爱和关注的孩子，就会从其他途径寻求关爱。当他们发现，只有大哭大叫，父母才会正视自己时，也就出现了上文提到的矛盾情景。

为人父母是非常麻烦和考验人的事，既然这件事我们不得不做，那么做的时候就一定要走心一些。高质量的用心陪伴，不仅仅是时间上的，更是态度上的。

在陪伴的过程中，父亲需要注意的是真正的不分心，而母亲要做的是愉快而不焦虑的陪伴。此外，孩子还需要我们及时给予积极的回应，是因为他们需要我们的反馈，他们会从大人的反馈中得出结论：我是重要的，我是被爱的，我的需要是被倾听的。如果父母的反馈不对，孩子的行为心理就可能出现问题。

为此，儿童心理学家给父母提出了这样一些建议：

（1）每天至少一次完全没有手机干扰的陪伴，可以是玩玩具，可以是画画，可以是亲子阅读或是亲子学习。

（2）每天至少一次和孩子哈哈大笑。

（3）每天至少一次身体接触（抚摸、拥抱、亲吻等）。

（4）每天至少一次放下"教导"孩子的念头，而是成为孩子的小跟班，跟随孩子去玩。

（5）每天至少一次看着孩子的眼睛，直接告诉他"我爱你""我喜欢和你在一起"。

4. 这个年龄段的孩子需要什么样的玩具

玩具在孩子的成长阶段必不可少。小的时候，玩具不仅能够让孩子的动作和语言快速发展，锻炼孩子的动手能力和智力，同时更是孩子认识世界最好的媒介。

可是家长在给孩子选择玩具上往往比较盲从，或是无从下手。大人买的玩具要么孩子不爱玩，要么孩子玩不了，要么同质化严重，都是同一类型。家长在买玩具上花费了不少，却没有起到任何作用，结果还责怪孩子把玩具扔得到处都是。

不同年龄阶段，孩子对玩具也有不同的需求。带有音乐或是能够晃动的玩具比较适合婴儿时期的孩子，而对于4岁多的孩子，能够帮助他们提高想象力的玩具无疑是最好的。

能够引发孩子想象力并且适合4岁孩子玩的玩具种类大致有这样几类：

（1）益智类玩具

益智类玩具有很多种，比如魔方、棋牌、拼图。益智类玩具有助于开发孩子智力，训练思维的敏捷性。尤其是对4岁孩子来说，益智类玩具的变化性、复杂性，非常符合这个年龄段喜欢新奇和冒险的特点。

只有孩子有了兴趣，在操作过程中才能获得成功和满足，孩子参与智力活动的主动性和积极性才能被激发出来。

（2）组合类玩具

随着孩子认知能力、理解能力、整体感知能力的提升，他们对玩具的塑造能力也在大大增强。他们开始有目的并且能够有计划地利用玩具实现自己的想法。他们在塑造时，并不仅仅局限于塑造平面、简单的各种物体，还能创造出立体的复杂形状，并且随着分析、分类、综合概括能力的提高，他们能够较为细致地表现某些细节。因此，家长应该选择一些能装、拆的塑料、建筑模型、插板等组合类玩具，比如雪花片、磁力片、木质或是塑料积木、乐高等。

（3）体育类玩具

4岁的孩子，机械记忆力较强，抽象、逻辑思维能力开始发展，肌肉的灵活性和用眼的协调性也在逐渐增强，运动量及注意力的持久性加强，所以体育类玩具也成为一个必要的选择。

各种球类，比如篮球、足球、皮球，都有利于锻炼孩子的臂力和腿力。

轮滑对于男孩来说是个不错的选择，健美操以及圈类玩具比较适合女孩子，而滑板车以及自行车对男孩女孩来说都不错。

（4）其他类型

除了以上提到的各类玩具，能够丰富孩子生活经验、培养生活技能的各种生活用具也深受孩子们的喜爱。他们可以用各种小锅小碗小家具玩"过家家"，或是进行职业体验和探索。

激发孩子数学兴趣和科学的玩具，比如计算器、遥控汽车等也会让孩子兴趣十足，但是一定要注意难度级别，太困难或太复杂的玩具可能会适得其反。

大多数孩子在 4 岁这个阶段，在画画和音乐方面的能力已经有了显著的发展，所以可以选择培养兴趣、陶冶性情和发展审美能力的玩具，比如电子琴、木琴、铃鼓等。

5. 孩子有个体差异，父母要因材施教

我们通过观察和总结，概括出一些 4 岁孩子的行为关键词，但是，每个孩子都是独一无二的，这里提到的行为习惯未必出现在所有 4 岁孩子的身上，孩子与孩子之间即使再相似也是有差别的。哪怕两个孩子有着相同的性别、身处同样的环境，他们的行为与性格也不会一模一样。

我们可以简单地对孩子的一些性格进行分类，比如：

他是活力四射、充满能量，还是喜欢安静、不爱运动？

对于某件事情，他是总能保持一定的注意力，还是一刻也坐不住？

他是注重细节、一件事情非得搞得明明白白，还是一遇到问题就容易打退堂鼓、不能做到善始善终？

当他做某件事情时，是很容易就情绪化，完全凭自己的感受，还是已经有了一定的思考和判断，做事情不再鲁莽？

在这里，我们暂且列举这几组有关4岁孩子的不同性格特征，关于4岁孩子，他们的性格差异还有诸多不同方面的表现，父母可以根据这些描述更好地了解你的4岁孩子的个性特征。

有一点需要提醒父母们注意，那就是判断孩子的个性时，父母本身的特点也会对判断的结果产生影响。比如，如果经过测试，发现孩子是友好、容易让人亲近的性格，在行为举止上特别乖巧懂事，很让父母放心和省事，但是如果孩子父母的性格非常强势，对孩子的要求很高，那么别人眼里乖巧的孩子在这些父母看来就是不求上进，而这些父母也会因此感到焦虑和恐慌。为此，我们想对这类父母说，乖巧与好胜心强这两种截然相反的性格特征，几乎很难出现在同一个孩子身上。而另外一种类型的孩子，则与上述情况完全相反，尤其是在学龄前孩子的身上，我们经常会看到他们对身边的一切事物都充满了强烈的好奇心，但他们却不能很好地控制自己的情绪，结果什么事情都搞得一团糟，就连他们的父母也跟着头疼不已。可以说，这种孩子的身边更应该有一个心态平和、永远都精力十足的人始终陪着他，并且不带任何功利心地欣赏他。

孩子的个性是千差万别的，父母们如果能够真切认识到这一点，才能真正做到有效地引导，并且也能够减少不必要的焦虑和担忧。

第四章

解读4岁孩子的叛逆行为：

发脾气、撒谎、不想上学……

孩子为什么哭闹、为什么爱撒谎、为什么不想去幼儿园，这些问题常常让你感到无所适从。其实孩子的很多问题，并非真的是问题，它们更像是一个特殊信号，表明孩子进入了一个独特的发展阶段。你若是能读懂孩子行为所传递的成长信号，就能破解育儿过程中面临的各种难题。

1. 会强烈抵制大人对他的许多要求

在孩子的成长过程中，一旦出现一些让父母倍感头疼的问题，大人就会习惯性地说："这孩子是怎么了？"其实，每一个"问题"孩子的背后，一定有一个"问题"父母。比如，孩子的某些叛逆心理和行为，很可能就与缺乏良好的家庭教育有关。

生活中，我们经常会看到这样一个现象：很多父母往往对孩子严格要求，对自己却格外宽松。不可否认，每个父母都有"望子成龙、望女成凤"的殷切期盼，但是身为父母，在你要求甚至强迫孩子做某些事情的时候，请扪心自问："你自己是否也做到了呢？"如果你自己都无法做到，又有什么理由强迫自己的孩子做到呢？

姗姗是一个 4 岁半的小女孩，平时有一个不好的习惯就是一边看电视一边吃东西，为此姗姗爸爸提醒过她很多次不能那样做。可是姗姗爸爸刚教育完孩子，自己却一边看电视一边吃东西。

有好几次，姗姗忍不住就给爸爸提了意见，结果爸爸每逢看得高兴时，就说"下次一定改"；而每逢他情绪不好时，不但听不进女儿的劝诫，还大发脾气，摆出家长的架子。起初，姗姗只是在这个问题上不服爸爸，渐渐地，她的不满越来越多，叛逆心理也愈来愈严重。

其实，孩子出现问题，家长首先应该反思的是自己。家长是孩子的第一任老师，也是最重要的老师，孩子成长的每时每处都考验着为人父母的家庭教育水平。

如果哭闹不能被理解，他就会烦恼和失望

早上起床后，果果妈妈飞快地收拾着房间，盘算着下一秒钟就要冲出家门，直奔单位。这时果果爸爸正在洗漱，而果果还在玩玩具。

"妈妈，能不能陪我玩一会儿？"

还没等妈妈说话，果果爸爸就说："妈妈该上班了，等妈妈下班再陪你玩。"

妈妈转身去看果果，只见果果一脸沮丧的表情，转瞬便嚎啕大哭起来。"我就要妈妈陪我，我就要妈妈陪我。"

爸爸见果果这样，有些气恼："你怎么这么任性，妈妈马上要出门了，你也该上幼儿园了。不听话，爸爸就不客气了。"

那一瞬间，果果妈妈突然想起了昨天发生的一些事情。于是，她赶紧给爸爸使了一个眼色，然后走到果果身边，轻轻抱住她："果果，昨天晚上你让妈妈陪你玩，可是妈妈实在有急事，不能陪你玩，是不是现在又想起来了，还是感到很难过，才又想让妈妈陪你玩？"孩子听了，点了点头。

原来果果昨天晚上一再被拒绝，内心不满的情绪始终积压着，现在只好发泄出来。果果妈妈耐心地说："昨天晚上，你没有玩痛快，是不是很难过？现在你想让妈妈陪你对吧？"果果哽

咽地点点头。

"因为今天早上时间真的很紧张，妈妈还是要定一个闹钟，闹钟一响，我们就不玩了。然后妈妈去上班，好不好？"

果果同意了，妈妈便定了十分钟的闹钟。在这短短的十分钟里，妈妈没有想着其他事情，只是专注地陪女儿玩，果果自然很开心。十分钟后，闹钟响了，果果还是有些不舍。

"果果，我们约定，今天下班后，妈妈肯定陪你多玩一会儿，玩一个小时那么久。"

"一个小时那么久吗？"果果夸张地把胳膊伸展到最大限度。

"是的，一个小时那么久。"妈妈也把胳膊伸展到最大限度。

果果终于破涕为笑了。

其实，孩子的无理取闹，往往是有理由的。善良的果果昨天晚上因为妈妈没有陪她玩已经忍耐了几次，积攒了一晚上她才忍不住向妈妈发脾气。所以，家长不能一看到孩子哭闹，就觉得他是在无理取闹。如果大人总是以自己的看法、情绪来判断孩子的情绪反应，只会更难与孩子沟通，更难了解孩子的内心世界。有时候，孩子的情绪爆发，未必是因为任性自私，家长一定要仔细思考、分析孩子行为表现的前因后果，针对孩子的情绪进行疏导，而不是纠缠于孩子发脾气这个行为本身。

孩子无理取闹，到底想表达什么

在很多家庭里，我们经常会注意到这样一个现象：孩子只要出现一点无理取闹的迹象，父母就会说出"平时娇惯的""爷爷奶奶太溺爱"这样一些气话，语气中充满了强烈的抱怨和指责。

但是大人的这种评价，很容易让孩子感到恐惧，觉得自己的行为让家长特别失望，而且这种评价也会让孩子感到困惑：难道以前妈妈爱我、关心我都是不对的；批评我、打骂我才是对的？

如果孩子长期处于这种心理状态，对他以后性格的形成以及身心的发育都是非常不利的。儿童期是孩子心理发育的关键时期，家长要及时察觉他们的压力，呵护他们幼小的心灵。除了娇惯和溺爱可能造成孩子无理取闹的行为，还有一些隐藏的原因需要引起爸爸妈妈的注意：

（1）4 岁孩子还不能完全控制自己的行为和情绪

四五岁的孩子虽然有了极强的自我意识，但是由于自控能力、表达能力尚不完善，再加上情绪波动较大，无法像大人那样婉转地表达自己的不满，所以，一旦他们的要求没有得到满足，情绪得不到合理地发泄，就会以发脾气、无理取闹的方式来表达内心的不满。

（2）孩子对父母的行为有不满情绪

孩子爱发脾气、无理取闹并不全然是大人的溺爱所致，相反，可能与父母平时对孩子的忽视有关。比如孩子要求了好几遍，希望爸爸陪自己玩一会儿，但是爸爸一直以工作忙为借口，无视孩子的要求。时间久了，孩子自然会爆发心中的不满，动不动就发脾气，甚至用故意犯错的方式来引起父母的关注。前文中果果的例子就是这种情况。

（3）无理取闹可能是孩子表达竞争意识以及发泄挫折感的一种方式

有些孩子的无理取闹往往表现在这些时候：自己的画没有邻居哥哥画得好；玩游戏时总是输给同伴；自己想吃某样东西，可是大人不让吃……孩子的自我意识和能力虽然每天都在进步，但是对于很多事情还是无能为力。

尤其是在遇到挫折时，孩子更容易陷入沮丧甚至伤心的情绪之中，可是，如果孩子的这些负面情绪没有得到合理的抚慰和释放，便会以哭泣、发脾气和无理取闹的方式来发泄。为此，父母首先要做的就是接纳孩子的情绪，然后正确引导孩子面对挫折，并将负面情绪很好地释放出来。

（4）无理取闹也是一种模仿

有时候，孩子的无理取闹也可能是从动画片或是其他小朋友那里学来的。比如有的小朋友去幼儿园时，看到别的小朋友大哭大闹、不想上学，而自己本身也有点儿不想上学，看到这一幕，他便也想尝试一下这种方式。试过之后，一旦心愿得以实现，日后可能就会习惯性地使用这种方式来拒绝上学。

其实，爱无理取闹的孩子并不是说他们天生就比乖顺的孩子差，只能说明父母在与这类孩子"斗智斗勇"时，需要投入更多的关爱，付出更多的耐心和时间，深刻理解孩子行为背后的原因，认真感受和倾听孩子的想法。总之，只要你能始终如一地给予孩子真正的关爱、正确的引导，总有一天，会欣喜地看到孩子的成长与变化。

搞定"小叛逆"的实用策略

家有"小叛逆"，真的是让人束手无策，这样的孩子似乎无时无刻都在违背你的意愿，挑战你的底线，拒绝跟你合作……但是面对这样一个"小魔头"，如果你仍然用硬碰硬的办法来"收拾"他们，只会让孩子的逆反情绪更加激烈，而且这种简单粗暴的管教方式也会给孩子的身心健康带来严重的负面影响。那么，又该如何应对叛逆、难搞的孩子呢？不妨试试下面这些方法：

（1）营造愉快的亲子氛围

对很多父母来说，给孩子洗澡常常是一件颇具挑战性的事，因为你不知什么时候、什么原因，孩子很可能就会大发脾气，抵触洗澡。如果此时你又耐心耗尽，情急之下，强行把孩子"拖"进卫生间，这样留给孩子的很可能就是一次不愉快的洗澡经历，下次再提洗澡时，便是难上加难。

殊不知，很多孩子之所以抵触洗澡，大人一提洗澡就如临大敌，很可能是因为洗澡时穿脱衣服对他们来说实在是太麻烦了；洗头发的时候，孩子的眼睛曾经被洗发液的泡沫刺痛过；水温忽高忽低，让孩子觉得很不舒服；或是孩子原本就不情愿，而大人又想争分夺秒地快点洗好……这些都是造成孩子抵触洗澡的原因所在。

对于这种由惧怕而生成的叛逆行为，大人有必要给孩子创造愉快的洗澡前奏，让洗澡这件事变得更加有趣、好玩。比如洗澡前不要一板一眼，甚至用催促、命令的语气跟孩子说："你该去洗澡了"，而是换成一种游戏、轻松的说法："嗨，小家伙，让我们去玩水吧！"听你这么一说，孩子的好奇心和游戏欲望自然会调动起来，要知道，水中游戏对孩子来说实在是太有吸引力了。

（2）把要求、命令变成有趣的游戏任务

任何孩子都喜欢游戏，如果将命令变成游戏，孩子们自然会乐于接受。比如，在孩子不想换鞋这件事上，如果是男孩，我们可以一把将他扛起来，声情并茂地说："我要扛着这把'枪'，到鞋柜去寻找'敌人'，把他踩在脚下。"如果是女孩，那就牵着她的小手，说："我要带着我的公主，到鞋柜去寻找宝藏。"

对于不想出门或是不想上学的孩子，我们也可以这样做。将一些命令演变为他们感兴趣的、特别美好的事情，这样孩子才更容易顺服，而不是动不动就乱发脾气。

（3）家长要给孩子做好表率

有些家长经常会无意地把工作和生活中的糟糕情绪或是压力发泄到孩子身上，但是父母是与孩子相处时间最长，也是孩子最信任的人，父母的行为模式往往会影响，甚至决定孩子的行为表现。俗话说，孩子是家长的一面镜子，家长什么样孩子就是什么样。一个情绪暴躁、满嘴怨恨的孩子，背后必定有一个情绪容易失控的家长。而一个无法控制自己情绪的家长，也不可能教出一个能管理好自己情绪的孩子。

为此，家长一定要控制好自己的情绪，避免喜怒无常，并且给孩子树立一个正面、积极、友善的形象，这样孩子才会感觉到爸爸妈妈是最棒的，自己的家是温暖有爱的，才会健康快乐地成长。

2. 孩子为什么不喜欢和别人打招呼

浩然是一个四岁多的小男孩，一个周末，妈妈带他去游乐场玩，正好碰到同事和她的儿子也在那里。

同事看到浩然妈妈，用手拍拍儿子的肩膀，说："儿子，叫阿姨好，浩然好。"小男孩虽说和浩然同龄，但是初次见面就能大方、热情地与浩然妈妈还有浩然打招呼，大家都夸赞他。

浩然妈妈也赶紧提醒浩然跟大家问好，可是，浩然双眼亮晶晶地看着他们，就是不说话。

这时浩然妈妈又催了一次："浩然，叫阿姨好，哥哥好呀。"

浩然还是没有说话，妈妈脸色顿时有些难看，一把把浩然推到前面："怎么这么不懂事呢？你看哥哥多乖，妈妈平时是怎么教你的。"

浩然非但不说话，还往后退了几步，直接躲在了妈妈的身后。浩然妈妈没辙，只好无奈地对同事说："这孩子最近不知道怎么了，不管你怎么说，就是不愿意跟人打招呼，我都不知道怎么教他了。"

　　这时，同事赶紧解围说："呀，小帅哥是害羞了。"

　　同事好像还想说什么，浩然突然扭头走了，嘴里还气呼呼地大声叫着："妈妈，我讨厌你。"

　　浩然妈妈急忙追了过去，拽着浩然胳膊，大声训斥他："你怎么这样不懂礼貌？平时跟你说了多少次，见人要打招呼，怎么不记得呢？"

　　类似这样的情形对很多父母来说或许并不陌生，而且很多孩子也像浩然一样，在"打招呼"这件事上常常扭扭捏捏，结果大人困惑、着急不说，孩子也跟着沮丧、不悦。

要知道，有的孩子天生很害羞

　　其实，从性格心理学上讲，大人完全没有必要逼着自己的孩子跟别人打招呼。因为每个孩子的性格都各有不同，有的孩子天生性格内向，不喜欢跟人接触；而有的孩子即使性格活泼开朗，也可能因为心情不好或者其他原因而不想跟别人打招呼。这就如同我们每个大人都有自己的优缺点以及喜怒哀乐的情绪，所以父母不能要求自己的孩子和别人的孩子一样。

　　遗憾的是，很多大人碍于自己的面子，不管不顾地逼着孩子一定要打招呼，甚至毫不隐晦地当众指责孩子，给孩子贴上"没有礼貌""害羞""内向""不合群"这样一些标签，这样就会给孩子一个很不好的心理暗示，让孩子的自尊心受挫，甚至使其变得越来越叛逆。

　　换位思考一下，其实我们大人也有不想跟别人打招呼的时候，如果我们的父母就此认定我们不懂事、没礼貌，并当众指责我们胆小、怕事，逼迫着我们跟别人打招呼，这样的事情经历得多了，我们的自尊心也会严重受损，于是更加厌倦和害怕与别人打招呼。

另外我们还要明白一点，孩子对于沟通的距离比成年人更为敏感。美国教育学家查尔莫斯早在 1998 年就做过一个实验，他发现 80% 的孩子在与不熟悉的人接触时，会无意识地后退。

这个实验还进一步表明，很多不满 10 岁的孩子，与陌生人打招呼时，左脑会产生一种抗拒性信号，进而产生自我保护的潜意识动作。也就是说，在人际交往中，孩子也许并没有意识到他在后退，但他其实已经在后退了。正如我们看到的那样，有些孩子在和他人打招呼时，总会表现出害羞、胆小、扭扭捏捏的一面，而且越是性格安静内向、内心敏感的孩子，越会保持人际交往的距离。

俗话说，强扭的瓜不甜，况且孩子的性格遗传很大程度上在胎儿时期就已经存在。大人强迫孩子去做自己不喜欢的事，毫不隐瞒地给孩子贴标签，只会让孩子越来越叛逆，越来越违背教育的本心。

每个孩子都有自己的性格，每个孩子也都有自己的使命。教育孩子，就应该在孩子天生性格的基础上进行引导，充分地肯定孩子、接纳孩子。所谓"草木有本心，何须美人折"，说的就是只有顺遂孩子的本性，接纳孩子本来的样子，才能给孩子的成长带去真正的快乐。

引导孩子学会问候特定的人

虽说在打招呼这件事上，做父母的应该顺遂孩子天性的发展，不强迫孩子去做自己不喜欢的事，但是这并不意味着父母就不需要关注孩子的性格弱点。如果孩子对不打招呼习以为常，大人就要慢慢地进行引导，比如，帮助孩子学会问候特定的人，就是一个不错的办法。下面这个故事中的琳琳妈妈就是这样做的。

琳琳是个 4 岁的小女孩，出生没多久，父母就去外地工作，从此以后琳琳一直跟着爷爷奶奶在老家生活，成了一名典型的"留守儿童"。

三四岁以后，在与人交往、打招呼这件事上，琳琳要么不说话，要么声音小如蚊子，要么就直接躲开。爷爷奶奶都是好面子的人，又没有多少育儿知识，很多时候就直接把孩子推到陌生人面前，逼着她说"阿姨好""叔叔好"，嘴里还不停地念叨着："我这孩子胆小，腼腆，上不了台面。"

很长一段时间里，爷爷奶奶一直重复着同样的举动，见人就逼琳琳打招呼，大人说她胆小、不爱说话，别人也说她胆小、不爱说话，到后来，琳琳就真的不敢说话了。

为此，琳琳爸妈再三商量，决定把女儿接到身边。在一起生活的日子里，爸爸妈妈总是有意无意地给琳琳讲一些与人交往的道理，让她明白"与人打招呼"其实是一件特别快乐的事，听到的人也会感觉很开心。

刚开始，妈妈会试着让琳琳每天早上跟家里的玩具或是绘本书上喜欢的人物打招呼，并用这些卡通人物的语气来回应琳琳："琳琳，早上好！""琳琳，你昨天晚上睡得好吗？"……

平时生活中，爸爸妈妈只要跟孩子在一起，不管是散步、超市购物，还是接送孩子去幼儿园的路上，但凡遇到邻居或是熟人朋友，都会热情地打招呼。

渐渐地，琳琳对新环境越来越熟悉，而且还结交了一些同龄的小朋友。妈妈觉得锻炼孩子的机会来了。她先是给了女儿几个选择，"我们可以从这几个人中选择一下，琳琳最喜欢谁，就跟谁打招呼吧。"其实，这些人都是琳琳身边熟悉的人，有幼儿园警卫叔叔、每天打扫楼道的奶奶、小区游乐场里的丁阿姨。琳琳从这几个人中选择了警卫叔叔。

就这样，琳琳只要和爸爸妈妈在一起，只要在路上碰到警卫叔叔，都会模仿大人的样子，主动跟他问好，清脆响亮地说一声"叔叔好"。再后来，琳琳与人交往的表现和能力越来越进步了，在遇到熟人、邻居、朋友的时候，都会很有礼貌很热情地跟对方打招呼。

孩子害羞、胆小、怕生的性格可能与遗传有关，也可能与环境影响有关。作为家长，平时在家里一定要多跟孩子交流，训练孩子的语言沟通能力，引导孩子多表达，同时也要以身作则，当着孩子的面，多跟人打招呼、交流。你用什么样的态度对别人，孩子都会默默地看在眼里、记住心上。父母有礼貌、有修养，孩子也差不到哪里去。

适时告诉孩子恰当的礼貌用语

如果问你什么样的孩子最受欢迎，恐怕很多人会提到一点，那就是懂礼貌的孩子。礼貌是人与人之间沟通的基础，而懂礼貌的孩子更容易被大家接受，成为一个受欢迎的小朋友，而且知书懂礼的孩子能够获得更多机会，这对其性格的养成以及成长发展也是大有裨益的。

4岁孩子正处于幼儿园阶段，也是建立各种规则意识的重要时期。尤其是在4岁以后，随着孩子交往需求和交往范围的不断扩大，父母一定要在孩子的言行举止上给予恰当的引导，培养孩子懂礼貌的好习惯。

想要培养孩子懂礼貌的好习惯，就要从礼貌用语开始。事实上，在幼儿园、公共场合和家庭环境中，孩子经常被教育、被要求使用各种礼貌用语，比如谢谢、不客气、对不起、没关系等等，是他们在和同伴、老师还有家人交流中，每天都在不断被强化着的礼貌用语。

这些礼貌用语看似简单、普通，其实不仅有助于培养孩子讲礼貌的好习惯，也有助于培养孩子与人交往的社交品质。比如说"谢谢"，让孩子知识当你获得别人的帮助时，要知道道谢，培养懂得感恩的意识；对别人说"不客气"，让孩子体会因为帮助别人而带来的快乐，让孩子的内心变得更加强大；对于自己做错的事情，要及时、勇敢地说"对不起"，让孩子感受承担与挫折；而对于别人的过失，要学会坦然地说"没关系"，让孩子知道原谅别人也是一种力量，这可以让孩子变得豁达、宽容。

在培养孩子的过程中，家长应该巧妙地利用各种机会加深孩子对礼貌用语的印象。

比如，家长可以时常示弱，请孩子帮忙端水，当孩子把水端给大人时，一定要对孩子说"谢谢"，这样不仅能打动、鼓励孩子，也可以使孩子通过一句"不客气"感受到在帮助他人的过程中自己内心的愉悦心情。

相比说"谢谢"和"不客气"，培养孩子学会说"对不起"和"没关系"这两个礼貌用语则要困难一些。

对于年幼的孩子来说，由于规则还没有完全建立，对自己的言行可能造成的伤害也没有充分的认识。在这种情况下，引导孩子使用道歉语言或是认识到道歉的意义并不太容易。另一方面，对于倍受委屈的孩子来说，让他心平气和地原谅他人也有一定的难度。作为家长，虽然不能苛求孩子，但一定要有足够的耐心，多给孩子一些时间和空间，让孩子慢慢地理解其中的真正涵义。

一个有礼貌的孩子，必然会成为一个社会适应性强的孩子、容易被环境接受的孩子、受欢迎的孩子。当然，在育儿的过程中，家长永远是孩子最好的榜样。你的一言一行比任何能够给予孩子的说教都重要得多。为此，在孩子成长的关键期，家长只要用耐心和细心浇灌，从小事做起，从日常做起，总会在孩子身上看到成效。

3. 耍赖、撒谎：孩子寻求关注的另一种方式

今年秋天，二宝上幼儿园了。妈妈经常会和二宝聊一聊幼儿园的事情。这几天，二宝总会说起一件事，就是有一个小朋友欺负他。

说了几次之后，妈妈再也坐不住了，就去找老师了解情况。经过一番沟通，老师说没有这种情况，二宝和小朋友相处得非常好，不存在受欺负这件事情。

这下，二宝妈妈反倒迷惑了，孩子为什么要说谎呢？

二宝妈妈想要弄清原因，但是如果鲁莽地去责问孩子，肯定会对孩子产生不好的影响，于是选在睡前故事后，和孩子谈谈心。

"二宝，妈妈觉得你是世界上最棒的孩子，小朋友也肯定会非常喜欢你。"

"是的，小朋友都非常喜欢我。"

"那你为什么要说小朋友欺负你呢？"

"因为，因为，我如果这样说，妈妈就会抱我，安慰我，陪我玩。我想让妈妈陪着我。"

妈妈听完顿时什么都明白了。因为自己最近工作特别忙，二宝总是跟奶奶住在一起，得到的关注自然没有以前多，这让他觉得自己是被妈妈忽视了，所以才会对妈妈"撒谎"。

说谎是孩子心理发育的正常现象

父母都希望自己的孩子是一个诚实守信的好孩子，但是现实生活中，

父母或多或少会面临孩子说谎话的困扰。美国心理学家切尔西·海斯和莱斯利·卡佛经过长期的观察研究发现，有 1/4 的 2 岁孩子已经会说谎话了，将近一半的 3 岁孩子会说谎话，而 4 岁孩子说谎话的比例更是高达90%。

在 4 岁这个阶段，孩子说谎话的情况总是时有发生，滑稽的是，他们的谎话往往是错漏百出，比如你昨天刚给孩子在商场里买了一双运动鞋，第二天他见了幼儿园老师就说"这是我奶奶给我买的"；你的孩子迫切想要一辆消防车，但是在小伙伴面前，他可能会煞有介事地说，"我家里有一辆超酷的消防车"……

但是如果孩子的撒谎出现这样一些情况，关注撒谎背后的原因就要比关注撒谎行为本身重要得多。

（1）为了引起父母的关注

对于 4 岁孩子来说，他们总有这样一个认识，或是他们清楚地知道：自己的哪些表现，或是自己说的哪些话，能够引起父母的注意。于是，为了引起父母更多的关注，他们就会做出一些夸张的事，或是说一些更加夸张的话，一旦奏效，他们就会继续重复这些行为，从而引起父母更多的关注。前面案例中提到的二宝之所以会撒谎，其实就是在寻求大人的关注。

如果家长缺乏经验，把关注点放在孩子的撒谎行为上，不管是惩罚还是纵容，都不能真正帮助孩子解开心结，日后孩子还可能会出现其他不良行为。

（2）与孩子丰富的想象力有关

一般来说，4 岁孩子正处于语言飞速发展的阶段。他们平时玩耍的时候，特别是在角色互换的游戏中，如果有哪个小朋友不小心碰了他一下，他就觉得对方是想打他，于是一回家就把这件事告诉了妈妈，说"谁谁谁欺负我了"。

又或者在小区楼下，一个长相严厉的叔叔无意识地看了孩子一眼，他可能就认为，这个叔叔是坏人，然后赶紧告诉妈妈说"这个叔叔想把我带走"。这种情况下，如果父母不知道其中的原因，很可能就会被孩子的话给吓住。

因此，对于这种与孩子丰富想象力有关的谎言，父母不必过于在意或紧张，而是先要弄明白，到底是孩子在玩游戏，还是仅仅是他内心的一些想象。

（3）自我保护或是逃避责任

很多时候，孩子之所以会说谎，很可能是为了保护自己或是逃避责任。因为在此之前，孩子可能因为自己做错了事而跟大人说了实话，结果却遭到父母严厉的惩罚。日后但凡孩子遇到类似情况，内心就会生出强烈的不安和恐惧，所以孩子也就不敢承认，不敢说实话了。

对于这种情况，父母首先要保持一个比较冷静、平和的心态，以此缓解孩子内心的紧张、焦虑与不安，只有孩子的内心是平静的，不再担忧自己会遭到父母严厉的惩罚，才不会用说谎这种行为来保护自己。

（4）孩子是在模仿大人

在孩子的成长过程中，模仿是他们与生俱来的一种非常强的生存能力与学习能力。如果大人平时习惯说谎，孩子耳濡目染后，也会习惯性地去模仿。因此，在我们给孩子贴一个撒谎的标签之前，一定要认真反思一下自己的言行。

面对撒谎的孩子，父母该如何应对

如果孩子只是一本正经地胡说八道，比如跟其他小朋友"吹牛"说"我有一个宝贝，它是月亮，你们都没有"，这种谎言就是混淆了现实和想象，父母无需过于在意。但是如果父母发现孩子的撒谎是有目的性的，为了逃避惩罚，或是躲避责任，那么就要引起重视了。具体来说，可以这样做：

（1）在孩子心中建立道德标准

父母一旦发现孩子撒谎，就要在第一时间明确告诉孩子——撒谎是错误的、不道德的行为。4 岁孩子尚且年幼，不能分清对与错，所以，父母的教导和提醒就显得非常重要，这样可以帮助孩子在心中建立起清晰的道德标准。

（2）给孩子建立清晰的规则和奖励措施

当孩子明白"撒谎是错误的"这项道德标准后，父母还应该在规则上跟他讲清楚：如果撒谎了，你将受到什么惩罚；如果表现诚实，又将得到什么奖励。这种明确的规则不仅有利于孩子遵守，也有利于减少孩子的撒谎行为。

（3）谨慎使用严厉惩罚，更不能体罚孩子

虽然惩罚能抑制孩子的撒谎行为，但是并不能根除孩子大脑中的行为范本。而且惩罚过于严厉，还会让孩子对父母失去信任感，反而适得其反。而且心理研究已经发现，大多数罪犯在其童年时期都有被大人羞辱，甚至暴打的经历。并且虽然孩子这一次遭受了惩罚，但是下次很可能会为了避免惩罚而撒更多的谎。那些经常被打骂的孩子，他们的撒谎行为之所以屡教不改就是这个原因。

总之，正如我们经常说的，既温暖又有约束性的教育，才是正确的教育，对待孩子的撒谎行为，也是如此。

4. 还是不能适应幼儿园

冬冬已经是幼儿园中班的孩子了，可是每天早上还是不愿意去幼儿园，这让妈妈感到很头疼。为此，冬冬妈妈每天睡前都会想尽各种办法劝服冬冬，第二天早上也是连哄带骗，经常快迟到了，母子俩还是僵持不下。

有一次，妈妈简直生气极了，因为为了劝说冬冬去幼儿园，母子俩从早上七点半一直僵持到十点半。冬冬就像小大人一样，一来一回地跟妈妈辩论。

"我不想上学。"

"我想在家待着，玩玩具。"

"我可以在家学习。"

"我讨厌老师，我讨厌小朋友，我讨厌幼儿园。"

小家伙甚至还说出"我要自己一个人生活"这样的话语。

冬冬三岁多的时候开始上幼儿园，那时候并没有出现任何不适应，而且还特别爱去幼儿园，可是都上了一年了，却变成现在这个样子。

对此现象，幼儿园老师更是深有体会。中班的迟到率往往是全园最高的，大部分孩子要在门口与爸爸妈妈"依依惜别"好久，就算得到了爸爸妈妈的种种保证之后，还要哭上一鼻子才肯入园。

按理说，四五岁的孩子已经有一年多的集体生活经验了，可是为什么还会出现这种情况呢？

出现新的分离焦虑

分离焦虑不仅发生在幼儿园初期，在幼儿园中后期也会出现，称为"中期分离焦虑"，这种现象通常发生在孩子入园后的第二年到第三年，甚至持续到幼儿园生活结束，是学龄前儿童最常见的情绪障碍之一。

中期分离焦虑的表现不像初期分离焦虑那么强烈和迅速，而是来得慢，去得也慢。看着孩子哀求的眼神、低落的情绪，很多家长便妥协了——今天不上就不上吧，明天再好好说说。

如果恰好赶上冬天，很多家长担心孩子着凉、生病，尤其爷爷奶奶、姥爷姥姥对晚辈常常宠爱有加，就更不愿意送孩子去幼儿园了。4 岁半的可可就是这种情况。

幼儿园的入园时间是早上 8 点，可是可可 10 点多才去，下午家长也会提前一个小时把孩子接回家。幼儿园里其他正常的孩子早上和下午都有做早操和体育锻炼的时间，但是可可却没有；并且幼儿园里的其他孩子都养成了规律的午休习惯，但是可可因为早上起床晚，所以在幼儿园也很少午睡。

更重要的是，由于可可总是和别的孩子不同步，和同伴接触、交流的时间比较少，所以很难形成稳固的同伴关系。另外，尽管幼儿园讲授的知识并不多，但是可可总是缺课，她自己也觉得上课没有意思，就这样，可可越来越无法适应幼儿园的生活了。

生活中，类似这种情况在我们身边总是时有发生。有些孩子明明已经上了幼儿园，却常常是三天打鱼，两天晒网。如果家有老人，在这些长辈的观念里，觉得孩子本来就小，多去一天，少去一天没什么，根本不重视孩子上幼儿园这件事。若是遇到不好的天气，或是在孩子提出要求不想去幼儿园时，家长就放弃原则，无条件地满足孩子，结果孩子迟到、早退，甚至干脆不去幼儿园，就成了家常便饭。

对孩子来说，幼儿园不仅是一个跟小朋友交流、游戏的场所，也是孩子迈向社会，锻炼意志，培养责任感，理解规则以及养成良好的时间观念的第一所学校。如果家长总是顺从孩子，久而久之，他们就会缺乏时间观念，不懂得遵守规则，甚至学会用撒谎的方法来逃避上幼儿园。而且这种三天打鱼两天晒网的学习生活，不仅使孩子很难真正融入到幼儿园这个集体生活中，还会让家长最初送孩子去幼儿园的愿望落空，孩子和小朋友的关系会日渐疏远，不敢参与小朋友们的活动，性格变得越来越封闭，这样只会让分离焦虑变得更加严重。

可能不是讨厌离开妈妈，而是讨厌幼儿园生活

大多数 4 岁孩子经过一年多的适应，对幼儿园生活已经非常熟悉。可是对有些孩子来说，幼儿园的生活却并不是那么顺心如意。当最开始的新鲜期过了之后，他们渐渐发现幼儿园并没有自己想象中那么新奇、有趣、好玩时，对去幼儿园这件事就会表现得非常抵触，甚至是拒绝去幼儿园。

如果你问这些不愿意去幼儿园的孩子为什么的时候，他们很可能会告诉你幼儿园日复一日的生活太单调、太枯燥了。在他们看来，每天都要在幼儿园吃饭，而不能吃自己喜欢的美味大餐；每天都要和老师、小朋友在一起，而不能和爸爸妈妈到外面去玩；每天都要规规矩矩地听老师的安排玩，而不能随心所欲地去玩自己想玩的玩具。更难过的是，有时候他们还会认为老师讲的《三字经》《弟子规》这些文化知识实在是太难、太无聊了。前文提到的冬冬就是这样的孩子。

大多数孩子刚上幼儿园时，虽然最初几天有些哭闹，但是没过几天，

就会被幼儿园的新奇、有趣给吸引，每天早上上幼儿园都很积极。可是好景不长，当这种新鲜感一过，他们发现幼儿园每天的生活既枯燥又无聊时，就开始百般拖拉，找各种理由不去幼儿园。对于这种孩子来说，他们之所以不想去幼儿园，可能不是讨厌离开妈妈，而是讨厌幼儿园生活。

当然，生活中也不乏坚持原则的父母，在孩子出现种种"中期分离焦虑"的反应时，仍然能坚持到底，而不是由着孩子任性胡来。

我们常说，从家庭环境走入幼儿园这个集体环境，是每个孩子走向成熟、独立的第一步，为了帮助孩子更好地适应幼儿园生活，家长要经常跟孩子聊聊上幼儿园的事情，向孩子描述一下你自己小时候上幼儿园的开心往事。同时，放学后或是周末，尽量多安排一些时间，让孩子和幼儿园的小朋友在一起玩耍，激发孩子上幼儿园的意愿，恋上幼儿园多姿多彩的生活。

随着孩子一天天长大，作为家长，一定要坚持培养他们良好的生活、学习习惯。家长要经常告诉孩子，幼儿园就是一种集体生活，不能想做什么就做什么，毫无规矩是行不通的。现实生活也证明，越是那些上课随便走动、不听老师指令的孩子，适应幼儿园生活的过程越是比一般孩子要更长、波折更多。

对于有这种倾向的孩子，家长平时在家里就要注意培养他们遵守规则的意识和习惯，同时，培养孩子的纪律意识，不能由着他们的性子想做什么就做什么。正所谓"无规矩不成方圆"，父母给孩子的爱也应该是有一定的原则的，也要给孩子设定界限，让他们从小懂得遵循规则。一个做事有度、有规矩的孩子才能更好、更顺利地适应幼儿园生活乃至今后的学校生活、社会生活。

让孩子爱上幼儿园的最佳方法

相信很多父母都遇到过这样的情况：孩子都 4 岁了，平日里活泼好动，幼儿园也上了一年，虽说偶尔也会有哭闹，但总体还算不错。可是，自从上了中班以后，孩子却开始找各种借口不上幼儿园，比如"今天降温，不用去上幼儿园""早餐时间过了，不用去幼儿园""今天我咳嗽、流鼻涕，不能去幼儿园"等等。有时就算是大人送到幼儿园，孩子也不愿进教室，大人一走，孩子马上就会跟着走。

一般来说，如果孩子3岁之前从没有离开过妈妈或家里其他亲近的看护人，那么突然离开家长独自上幼儿园难免会感到恐惧、怕生，因而不愿意上幼儿园。但是，只要家长坚持送，适时鼓励，再加上幼儿园丰富多彩的生活的吸引，一般孩子都会由不适应到适应，由不愿去到愿意去。

为了让孩子更好地适应幼儿园生活，父母可以从以下几个方面进行疏导：

（1）不放大孩子的负面情绪

有的孩子一提要去幼儿园，就十分不乐意，这时有些家长就会说，"妈妈知道你很伤心，可是你必须要去上幼儿园呀"，或者说，"你先进去，妈妈保证一直在外面等你放学，好不好？"

其实，前一种做法不仅不能安慰到孩子，反而会加深孩子的焦虑。而后一种做法明显存在欺骗性，虽然孩子还小，但是孩子非常清楚他只要一进幼儿园，家长转身就会离开，所以，这两种做法都不妥当，面对孩子不愿去幼儿园这件事，家长一是不能渲染孩子的难处，二是不应放大孩子的负面情绪。

（2）态度不要过分强硬，也不要过分同情

在抗拒去幼儿园这件事上，有些孩子的反应会强烈一些，持续时间长一点，而有些孩子的反应则弱一些，持续时间也较短。对此家长一定要表示理解，但不要表现出过分的同情或是强硬。

大人过于同情很可能会给孩子的心理留下阴影及暗示，让他觉得幼儿园是一个不好的地方，同时大人的不安与忐忑，孩子也能自然敏锐地觉察到，从而加重孩子不愿意去幼儿园的情绪。

另外，大人用强硬的方式强迫孩子去幼儿园，很可能会激起孩子的逆反情绪，更加讨厌幼儿园。其实孩子哭闹、抗拒去幼儿园的时候，最先需要处理的是家长的情绪。大人只有心态平和，才能接纳孩子的情绪，进而帮助孩子解决问题。

（3）不要给孩子消极的心理暗示

有些家长在孩子正式入园前，经常会无意中对孩子说这样一些话："你再不听话，过两天就送你去幼儿园。"说者本无心，但是听者很可能会信以为真。而且一旦孩子在心理上认可了这种消极的心理暗示，潜意识里就会认为幼儿园是一个惩罚自己的地方，这样就会导致孩子在入园前就产生抵触情绪。

事实上，家长在平时生活中应该多给孩子一些积极的心理暗示，经常对他讲，你一定能很好地适应幼儿园生活，你一定能和小朋友相处得很愉快，你一定能尽力做好很多事情……在这种长期的积极暗示下，孩子的自信心自然会不断增强，越来越喜欢幼儿园。

5. 自己的东西不感兴趣，喜欢把别人的玩具、东西拿回家

4 岁半的森森聪明活泼、适应能力强，妈妈一直对她很放心，并且引以为傲。但是最近一段时间，小家伙的一些做法却让妈妈

有些担忧。原来，淼淼经常把幼儿园玩具上的小零件、小朋友的小发卡之类的东西悄悄地带回家。

妈妈发现后，告诉她这样做是不对的，下次不能再拿了。淼淼当时答应得挺好，可是没过几天，老师就跟淼淼妈妈说，淼淼还是经常到小朋友的衣柜里去翻东西，发现她喜欢的就放在自己的衣柜里。

其实，淼淼拿的这些东西，她自己家里差不多都有，就算没有，妈妈也会酌情给她买。可是即便如此，淼淼还是会拿别人的东西，还说别的小朋友也这么做。

后来，这种情况越来越频繁，妈妈愈发担忧起来，既担心自己对孩子管教得太严会给她的心理留下阴影，又担心淼淼不明白别人的东西不能随便拿的道理，日后这个问题会更加严重。

孩子为什么喜欢拿别人的东西

把别人的东西拿回家的行为在四五岁孩子身上非常常见，但他们的这种行为又不能完全等同于成年人的小偷小摸。因为4岁半的孩子对于物品的归属及占有权并不是很明确，所以不能简单地将他们的这种行为视为道德上的偷盗问题。

一般来说，孩子之所以会出现这种行为，往往与下面几个原因有关：

（1）受好奇心的驱使

孩子都喜欢新奇、有趣的事物，一旦看到他没有玩过的或是没有见过的东西，就会产生浓厚的兴趣，从而有了据为己有，非常渴望得到它的想法。

（2）孩子往往以自我为中心

很多父母对自己的孩子过于溺爱，孩子要什么就会给什么，这样极易让孩子产生以自我为中心的意识，觉得所有的东西只要自己想要，就必须要拿到。

（3）孩子的物权意识出现问题

有些孩子喜欢拿别人的东西，可能与他们没有建立起良好的物权意识有关，是孩子心理发展水平的局限性导致的。正因如此，他们经常分不清自己的东西和别人的东西，以为只要是自己喜欢的、想要的东西就可以拿走。

（4）孩子喜欢搞恶作剧

有些孩子喜欢看周围的人惊慌失措的样子。有的孩子在幼儿园特别喜欢摆弄老师的东西，在他摆弄的时候，老师很可能会表现得很严厉或是惊慌，要求他不要再动。可是，这些淘气包偏偏喜欢搞这样的恶作剧，大人越是不让动，他们越是要动，最后很可能就会直接把东西偷偷藏起来，甚至藏在自己的口袋里。

（5）偷拿别人东西这件事让孩子觉得好玩、刺激

有时候，孩子之所以偷拿别人的东西，是因为他们觉得这样做很好玩、很刺激，反正只要自己不说，别人肯定就不知道。

不纵容也不训斥：没有得到别人的允许就拿东西是不对的

在成年人的潜意识里，遇到孩子把别人的东西偷偷拿走的情况，内心肯定有一个字若隐若现，那就是"偷"。其实，4 岁左右的孩子完全没有"偷"的概念，他们还分不清你、我的界限，只是因为单纯的喜欢或是好玩，就悄悄地拿走了。事实上，类似这样的"偷东西"行为是孩子成长过程中的一种正常的现象。

但是如果这种行为频繁出现，大人对孩子"偷"东西的行为无可奈何时，又该怎么办呢？

（1）大人不要把孩子拿别人东西的行为和成人眼中的"偷"等同起来

对于孩子，尤其是6岁以下的孩子来说，他们的占有可能只是大脑萌生了"我想要"的念头，然后就直接产生了行为反射。况且4岁孩子尚不具备完全的行为控制能力，分不清"偷"和"拿"之间的区别。事实上，随着孩子年龄的增长、心智的成熟以及家庭教育的正确引导，大部分孩子都会慢慢改变这种行为。

（2）探究孩子拿别人东西的深层原因

孩子偷拿别人的东西，身为家长，一定要给予耐心的引导。一方面，平时在家里要多和孩子讲述物权概念，让他养成拿别人东西要经过对方同意的习惯；另一方面，请老师在学校给予孩子更多的关注，如果发现孩子私自把别人的东西装进自己的口袋或是书包里，不要生硬地给孩子扣上"坏小孩"或是"小偷"的帽子，而是要告诉孩子如果你喜欢这件东西，可不可以跟物品的小主人商量一下，看对方是否同意借给你带回家玩。

（3）切忌拿羞辱当教育

孩子一旦出现私自拿别人东西的行为，有些家长就会用打骂的方式让孩子长记性。这种做法很容易让孩子对家长失去信任。别说绝大多数孩子是无意拿了别人的东西，即使孩子是真的有意偷窃，作为监护人，在大发雷霆之前，也一定要理智地想一想，是什么事情使得孩子在产生需求和遇到困难时不向父母求助，而是自己想方设法去解决。所以，孩子出现问题，千万不要急着发火，或是给孩子贴标签，而是要先找找原因。

不过，这也并不意味着孩子一旦有不经允许就私自拿别人东西的行为时，大人就可以坐视不管，对于极少数已经形成习惯的孩子，家长要尽量在不伤害孩子自尊心的前提下，根据自己孩子的性格特点，给予适当的引导和帮助。还可以根据孩子的接受能力，讲一些通俗易懂的小故事，让孩子知道事情的严重性，以增强其改正的决心。

父母要多关注孩子的心理需求

晚上，妈妈给奇奇换裤子的时候，发现奇奇裤兜里有一粒彩色珠子。妈妈知道这种珠子是串珠玩具上的，就问奇奇这是从哪里来的。

奇奇不好意思地说："是幼儿园的。"

"奇奇，这是幼儿园的东西，我们不可以拿。"

奇奇不说话，妈妈严肃地说："我们要把珠子放回去，不然小朋友就没有办法玩了。"

"不，幼儿园还有很多呢！可是我都没有。"

妈妈忽然想起来，前些日子，奇奇要求了好几次要买串珠子玩具。妈妈认为五颜六色的串珠子玩具是女孩才玩的，以为奇奇只不过是说说而已，所以就没有太在意。

最近奇奇又很迷恋特别漂亮的水晶、珠子之类的东西，没想到，他竟然想出了这样的办法。

"奇奇，这样做是不对的。不过妈妈要先跟你道歉，我忘记给你买珠子了。明天咱们一起去买可以吗？"

"好的。"奇奇点点头。

第二天，奇奇就跟妈妈买到了他一直想要的串珠子玩具。

妈妈引导奇奇说："新珠子是你的，旧珠子是幼儿园的，我们已经买了自己的珠子，那这颗珠子该怎么处理呢？"

"把它还回去吧。"奇奇爽快地说。

"那以后，我们不要拿幼儿园的或是别人的东西好吗？"奇奇痛快地答应了。

为了避免奇奇的自尊心受到伤害，奇奇妈妈还特意挑了一个小朋友都不在的时间带着奇奇把珠子放回到教室。

当时，奇奇还是有些不舍。奇奇妈妈也并没有强硬地催促他，而是一直耐心地等着奇奇自己将珠子放回去。

在四五岁这个阶段，家长一定要多了解、多关注孩子的心理需求。与孩子相处时，也要多给孩子机会，鼓励他们表达自己的想法和需求。要知道，孩子喜欢别人的东西这很正常，作为父母，要做的并不是让孩子压抑自己的需求，而是合理引导、帮助孩子如何用积极的方法来表达自己的需求。比如，父母可以告诉孩子，虽然你喜欢的东西是小朋友的，但是你可以问问小朋友"可不可以借给我玩""我们一起玩好吗"或是问他"我们可以交换玩具玩吗"。总之要让孩子知道，他想要的话，一定要征得小朋友的同意。

同时，对于孩子的需求，家长在可以满足的情况下，只要是承诺了的事情就一定要兑现。孩子出于对家长的信任，很可能会记住家长以为随口说的一句话。但是如果大人仅仅是为了哄孩子开心，应付敷衍而给予孩子承诺，事后却忘得一干二净，就会让孩子觉得是否遵守约定并不重要，这样父母就做了错误的示范，也会让孩子对父母产生不信任感。

另外，日常生活中，不论是在家里还是公共场合，父母都要不断地给孩子强化物权意识，帮助孩子了解他所接触到的物品的所有权，比如在家里可以跟孩子讲哪些东西是他的，而哪些东西是爸爸妈妈的；在公共场合，需要告诉孩子哪些是公用的，小朋友都可以玩，不能占为己有。

要知道，孩子只有在自己的物权得到很好的尊重和满足后，才会对别人的物权表示尊重，才能设身处地地考虑别人的感受。虽然这个过程比较漫长，但是也唯有父母反复耐心的重复，才能帮助孩子更好地理解物权的概念，从而真正平稳地度过这一阶段。

6. 非常迷恋手机、电视、iPad，说了装听不见

在一次朋友聚餐中，服务员刚开始上菜，一位妈妈就要求服务员将包房中的电视打开。"开着电视，我儿子才能吃点饭。"这位妈妈轻车熟路，估计孩子在家中也是一边吃饭一边看电视。电视在客厅，孩子就把饭端到客厅；电视在卧室，孩子就把饭碗端到卧室吃。

电视打开了，少儿频道正在播放《熊出没》，孩子左手扶着碗边，右手拿着筷子，每隔两分钟才往嘴里送一口饭，眼神根本没有在除了电视以外的任何地方停留片刻。只有在中间的广告时间，孩子才风卷残云一般将剩下的饭吃干净。他还乐呵呵地拿着碗让妈妈检查：

"妈妈，我吃完了。"

"去玩吧！"妈妈脸上露出了满意的笑容。

完成任务的孩子又去玩了，妈妈看似也很欣慰。

很多家长都会像这位家长一样，把孩子的吃饭问题交给电视机来解决，随着科技的发展，现在又来了一些新帮手——手机、iPad，它比电视更方便、更丰富多彩，因此也更受孩子们的青睐。这样一来，妈妈就有了更多的制胜武器，简直是百试不爽。

现如今，不管是电视、手机，还是 iPad，似乎都成了孩子的必备玩具。孩子用它们看动画、玩游戏，有的大人甚至还把这些电子产品当成看孩子的法宝，这也难怪孩子越来越迷恋这些电子设备。

父母要反思自己

信息高速发展的今天，手机等电子产品已经成为每个人的生活必需品，同样，在社会竞争日益激烈的今天，父母大多忙于生计，而孩子又缺少兄弟姐妹、缺少玩伴，于是电视、手机便理所当然地成了孩子的玩伴。再加上如果父母总是低头玩手机，孩子耳濡目染，自然会模仿。若是父母再把这些电子产品当成看孩子的法宝，肯定会引发孩子的迷恋。于是，我们经常会看到很多孩子不同程度地染上了电视手机综合症，有些孩子甚至才一两岁，就已经到了不给看就不吃饭的地步。

不可否认，这些电子产品可以满足孩子感官刺激的需要，开阔视野、增长知识；但是另一方面，长时间看电视、玩手机也会给孩子带来不小的负面影响。

学龄前的儿童长时间地盯着电子屏幕，那么他们眨眼睛的次数就会减少，这样就极易造成眼睛疲劳，甚至有可能导致视力下降，长时间坐在电视机前，可能使孩子的骨骼发育变形，使脊椎、胸廓发育异常。

孩子长时间坐在电视机前，缺少户外活动，能量消耗就会减少，而且有些孩子习惯一边看电视一边吃零食，这样就会造成热量过剩，导致肥胖，并减弱肠胃的消化功能，导致身体健康状况下降。

更严重的是，由于儿童的神经系统非常脆弱，对外来刺激的承受力差，一旦受到来自电子产品的强光刺激和高频度的声像刺激，大脑皮质就会变得异常兴奋，这样很可能会引起某一肢体甚至全身性的抽动，甚至引发脑功能失调。

除了身体方面的负面影响，长时间接触电子产品，还会导致孩子注意力下降，思维难以集中，缺乏耐心和意志力；思考能力受到限制，懒于探索和发现，生活中缺乏主动性；生活和学习上，自制力差，容易哭闹、发脾气；人际交往方面，容易胆小、孤僻，有危机感和恐惧感。

严格控制孩子玩电子产品的时间

安安 4 岁的时候，妈妈觉得可以给他买一些电子产品，比如学习机，因为学习机可以把知识融合在动画和游戏中，寓教于乐的方式孩子比较容易接受。

后来，本着开发孩子智力、培养孩子学习积极性和探索欲望的初衷，妈妈在手机上给安安安装了一个早教应用软件，里面包含了几百种独立的小应用，都是将一些早教知识融合在一起。

但是自从有了这个学习机，妈妈发现安安越来越对里面的一些小游戏"着魔"了。等他熟悉以后，又缠着妈妈不断地下载新的应用，有的没玩两次就要换新的；而且他手里捧着手机玩游戏的时间越来越长，只要一无聊就嚷嚷着要看手机。

就这样，又过了一段时间，安安还是一天到晚沉迷于手机游戏，而且只是一味地寻求新奇，早教的初衷早就变味了，妈妈这次再也坐不住了。她觉得当务之急就是要跟孩子制定规则。为此，在看手机这件事上，妈妈制定了这样一些规则：

"每天有三次看手机的机会，每次 10 分钟左右。"

"手机里只能有 3 个小应用。"

"三种情况不能玩手机：吃饭时，临出门时，晚上睡觉前。"

"必须坐着举起手机玩，不能趴着玩，不能躺着玩。"

相信类似这样的问题很多家庭都出现过，作为大人，我们一方面自责反思，自己真的有天大的事情非得在陪孩子的时候，抱着手机去处理吗？另一方面，我们又无奈怎样和孩子制定规则？

其实，凡事都有两面性，电视、手机会使孩子成瘾的同时也会开阔他们的视野、扩展他们的知识面。同样，给孩子制定适当合理的使用规则，也可以让电视、手机变成孩子的得力助手。下面几条建议，大家不妨试一试：

（1）规定孩子看电视的时间与内容

孩子看电视的时间不要过长，同时收看的内容要符合他们的年龄特点，有益他们的身心健康。父母有时间的话，建议与孩子一起观看，不仅可以控制孩子的收视习惯，还能增加亲子之间的交流，同时也可以帮助孩子了解所看到的内容。

（2）父母做出榜样

父母是孩子的第一任老师，父母的行为举止、兴趣爱好，都会对孩子产生潜移默化的影响。想要孩子成为什么样的人，你自己必须先成为那样的人。因此，父母不要总是在孩子面前玩手机，给孩子做不好的示范，而应该做一些有意义、传播正能量的事，孩子自然会效仿。

（3）孩子哭闹时不拿手机哄

有时大人确实有事要做，而孩子又哭闹不休的话，就会把手机塞给孩子，让他自己玩。这种做法实际上只会助长孩子玩手机、抢手机。

大人不妨用玩具转移孩子的注意力，情况允许的话，是不是可以考虑带着孩子一起做事，让孩子做你的小帮手呢？这样一来，不仅能避免孩子玩手机，还能培养孩子帮助他人的责任心。

（4）提供比电视、手机更有意义的玩具或游戏

很多时候，孩子之所以迷恋电视、手机，并不是因为他们有多喜欢，而是除了这些电子产品，他们似乎不知道还有什么更好玩的。如此说来，还真是一件遗憾又可悲的事。为此，父母平时一定要多花些时间陪伴孩子，和他们做手工、搭积木、捏泥巴、玩数字游戏、讲故事、多到户外活动等，鼓励他们和同伴多多交往，培养他们的兴趣爱好，孩子有了丰富多彩的生活，自然而然就会远离电子产品。

7. 求胜欲："我是第一名""我一定要赢"

　　优优4岁半了，特别喜欢和邻居大哥哥一起玩，可是只要和哥哥在一起，两个小朋友又经常会发生矛盾。比如他们一起玩跳舞毯游戏，如果哥哥赢了，优优就会特别着急，特别生气，大声叫嚷，"我再也不想和大哥哥玩了""为什么大哥哥赢了两次""我讨厌大哥哥""妈妈，我也要赢"。其实，优优也有赢的时候，但是只要哥哥赢一次，他就会特别委屈、不服气。

　　不仅和邻居哥哥这样，和妈妈也是如此，比如在画画的时候，优优总是想让妈妈先画。可是妈妈刚画没几笔，优优就哭了起来。"啊，你画得这么好！""为什么我画得不好？""我再也不要画画了。"其实优优的画画水平在同龄小朋友中已经很不错了，可他还是总想超过妈妈。

　　优优的好胜心、求胜欲还表现在其他许多事情上。比如，和别人一起坐电梯，优优家住12楼，一旦有人在12楼前出电梯，优优就会特别着急地说："啊，他们那么早就到了！""妈妈，为什么他们先到？""我也要先到！""我讨厌他们先到。"

　　遇到这些问题，尽管妈妈每次都很认真地解释，可优优还是特别固执，听不进任何话，唯一想的就是"我要赢""我要当第一"。

为什么孩子总说"我要当第一"

在我们身边总会看到一些好胜心很强的孩子，无论是和小朋友在一起做游戏，还是和大人在一起玩耍，他们总是听不进"不好"两个字，一旦自己输了，就会一脸不悦，甚至大发脾气。而自己赢了，又会表现得很开心，完全就是一个"输不起"的小孩。

从儿童心理学的角度来说，孩子"输不起"是一种很正常的现象。现实生活中，大多数孩子都希望自己能做得更好，比别人强，获得更多人的认可和称赞。特别是在好胜心强的孩子身上，这一点会尤为明显。

其实，好胜心和进取心一样，是一种积极向上、敢于竞争的心理品质，孩子或强或弱的好胜心，也是他们学习探索各种知识、掌握各种技能、不断前进的动力。这种求胜心理，也能促进孩子的全面发展和进步，使他们变得更加优秀。但是由于孩子年龄尚小，各方面发育都不够成熟，看问题容易钻牛角尖，容易变得情绪化，所以孩子的好胜心常常表现得非常强烈。

可以说，好胜心就是一把双刃剑，既有它积极进取的一面，也有它消极的一面。一旦过了头，在挫折、失败面前，孩子往往会采取回避、无视的态度；或是一旦什么事情做得不如别人，就会大发脾气，或是情绪变得异常低落、颓废。而且过强的好胜心也很容易滋生自私、嫉妒、虚荣、心胸狭隘等不良心理。

另外，现实生活中，还有一些家长总是害怕自己的孩子吃亏，所以在孩子与小朋友发生纠纷时，总是告诉孩子要以牙还牙；有些家长则鼓励甚至纵容孩子在物质上与其他孩子攀比。很显然，这些教育方式都是不明智的，结果只会助长孩子的好胜心，甚至造成孩子好胜心的扭曲，使他们误入歧途。

孩子好胜心太强，该如何引导

孩子有好胜心是很正常的现象，每个孩子都希望自己出类拔萃，希望自己能得第一、受人注目，但是由于社会经验不够丰富，他们又往往容易钻牛角尖，失去分寸，所以，孩子的好胜心需要家长的科学引导，才能发挥积极的作用。尤其是在四五岁这个阶段，凡事都要赢带来的心理错位和心理障碍，对于孩子来说同样是一种痛苦的体验。那么，在孩子成长的道路上，父母该怎样引导自尊心过强、好胜心过强的孩子呢？

（1）好胜心不能一味被满足或是压制

如果总是一味满足和迁就孩子，就会让孩子觉得胜利是件容易的事情，那么他们就失去了锻炼意志和开动脑筋的机会，下一次困难升级，他们无法克服时就会变得沮丧甚至乱发脾气。所以，大人要适时给孩子一些挫折教育。但是也不能一味压制孩子的好胜心，如果孩子总是品尝失败的感觉，自信心和好胜心也会被磨尽。因此，进行挫折教育一定要把握好尺度。同时，当孩子出现点滴进步时，一定要予以鼓励，多赞扬他的努力过程，培养其自信心。

（2）让孩子明白，只有努力才能有收获

在孩子个性的形成过程中，家长起着非常重要的作用，对于"输不起"的孩子，家长首先要平衡好自己的心态，不对孩子一时的输赢斤斤计较。同时，家长也要让孩子明白，所谓的胜负只是在某一方面的评判。想要得第一，生气和发脾气是没有用的，只有不断努力才能在更多的方面取得更好的成绩。这样的"好胜"和"竞争"就比较健康，不会造成孩子的妄自尊大或自卑。

（3）让孩子通过超越自我来获得真正的胜利感

孩子喜欢和别人进行比较，时间长了，就会习惯于只看到别人的优点和长处，无法接受自己的不足和失败，这样就很容易形成错误的认知。为此，父母要引导并帮助孩子形成和自己比较的心理，这样可以更加客观地认识自己，发现自身的优势和不足，然后进行自我改变和超越。

（4）积极帮助和鼓励孩子

面对受挫的孩子，为了更好地安慰孩子，家长首先要做到尊重和保护孩子的自尊心，然后耐心地帮助他们分析原因，总结教训，并找到问题的解决办法，进而帮助孩子走出失败的阴影，让他们懂得竞争不仅能展示自己的力量，更能检验自己的不足，以求更大的进步。

第五章

独立性和社会性：
培养4岁孩子良好的个性

孩子越长大，独立生存和独立成长的潜能就越大。很多时候，我们不必刻意去做什么，只要在家庭中保持民主的气氛，孩子就能在这种氛围下自然成长，学会独立生存、内心变得强大……你该如何给予他们一个宽松而具有指导意义的成长环境，树立其自信、独立、勇敢的人格品质？是这一时期家庭教养的重点和难点。

1. 性格定型期：克服胆小、自卑，做勇敢、自信的孩子

　　贝贝妈妈参加完幼儿园家长会后，老师又和她详细谈了一下贝贝在幼儿园的情况：上中班已经两个月了，但是贝贝上课的时候还是不够积极。每当老师提问的时候，其他小朋友都能够积极主动地举手，但是贝贝却不举手。如果被老师点名叫起来，贝贝也会表现得有些腼腆和拘谨。老师希望贝贝妈妈多关注一下孩子在这方面的情况。

　　贝贝妈妈回想了一下孩子最近在家的表现，的确，"我不敢"这样的词可以说是经常挂在嘴边。比如，超市购物结账时，妈妈鼓励贝贝自己问阿姨多少钱，贝贝却缩到妈妈身后，妈妈着急地说："你不是想吃棒棒糖吗，怎么不自己问问阿姨多少钱？"

　　"我不敢。"贝贝的音量低得跟个蚊子似的。

　　老师也反应说，贝贝平时在幼儿园吃饭、起床、游戏，还有排队放学的时候，基本上都是磨蹭到最后；自由选择玩具的时候，如果自己喜欢的玩具被别的小朋友先抢走了，常常是一脸失望和痛苦的表情，但是又不敢与小朋友"争抢"；平时受到一点批评，眼泪"刷"地一下就流下来了。更让人不解的是，有的时候老师明明批评的是旁边的小朋友，贝贝反而会举起双

手向老师道歉求饶："老师，不是我弄的。""老师，我再也不
这样了。"这种时候，老师要劝慰贝贝很久，她才会从担忧中走
出来。

孩子自信心的发展：通过自我表现并被肯定的过程来实现

4 岁孩子在成长过程中，会遇到各种各样的问题，叛逆、厌学、自我
封闭、抗挫折能力弱，没有上进心，而孩子产生这些问题的心理往往根源
于他们对自己的不认可和否定。那么孩子为什么会产生这种不自信的心
理呢？

一般来说，孩子自信心的建立与父母的管教方式有很大关系。可是现
实生活中，我们经常会看到这样一些父母，他们总觉得孩子年幼不懂得照
顾自己，于是什么事情都帮孩子做，结果孩子很容易养成衣来伸手饭来张
口的习惯，自信心又怎么能建立起来？

有的父母喜欢凡事都替孩子做主，认定自己所选的就是对孩子最好的，
比如吃什么，买什么样的衣服，玩什么玩具，等等。如果父母不给孩子自
己做决定的机会，孩子又怎么有机会思考自己喜欢什么，又怎么建立起对
自我的信心呢？

也有一些父母经常忽略孩子的独特个性和气质，一旦孩子的某些做法
违背自己的意愿，就会表现出一脸不悦，甚至无端指责孩子。比如性子急
的父母总是看不惯孩子做事磨磨蹭蹭，心思细腻的父母又看不惯孩子的粗
心大意，在这种环境中成长的孩子，很容易因为父母不满意自己的个性而
感到自卑，缺乏自信。孩子逐渐长大后，都希望得到社会的认同和家长的
理解、尊重，但是由于他们知识不足、缺乏社会经验、思想片面等原因，
常常会在生活中遭受挫折。这时，如果父母没有及时按照孩子的年龄阶段
给予其合理的帮助和疏导，孩子就会产生自卑、厌学甚至是自我封闭的

倾向。

同时，父母过于催逼孩子建立自信，也会让他们陷入烦躁、反抗、逆反等不良情绪中，影响他们性格、心理的健康发展。

总的来说，父母不信任孩子、经常忽略孩子的感受，或是过于催逼孩子建立自信都会使孩子变得不够自信，所以，要想让孩子平稳健康地度过成长期，父母首先要改变观念，加强亲子沟通，并且灵活运用各种方法培养孩子自信乐观的心态。

多肯定孩子的行为，提高孩子的自我认同感

自信心并非生而有之，它是在后天经过合理的训练培养出来的。而且，自信心应该从小就培养，特别是在家庭教育中，帮助孩子找到自信的感觉是非常重要的。让孩子变得自信起来就是要鼓励孩子敢于尝试、敢于冒险，对孩子想要表现、想要行动的想法给予支持和鼓励。

培养孩子的自信心，父母就要让孩子清楚自己的优点，珍视自己的价值，提高自我认同感，激发自信潜能，鼓励孩子勇往直前。只有懂得善待自己、珍视自己的孩子才能充分地利用自己的优点，创造出更大的价值。

"即使全世界都看不起你的孩子，你也要矢志不渝地去赞美他、欣赏他，给予他奋进的信念。"这句话对4岁左右的孩子尤为适用。

大家都知道，3岁是孩子自我意识的萌芽期，到了4岁，他们对于外界的评价会表现得更为敏感，而一个孩子的自我评价在很大程度上决定着其习惯的好坏。如果孩子身上出现了某种缺点且一时又无法改正，父母就要引导他去发现自己的长处，平时多赞美孩子的优点，多激发孩子的自信心，孩子就会认为"原来我还是挺优秀的"，从而愈发希望得到周围人的称赞。基于这种良好的自我评价以及获得表扬的欲望，孩子才会更加自信，并且努力向着积极的一面发展。

比如，在孩子完成一件事情时，哪怕是画画或是玩玩具这样的事情，父母都可以说："今天你玩玩具非常认真，作品完成得也非常快！真棒！"孩子按时上床睡觉时，父母可以说："因为你按时睡觉，今天晚上肯定会做一个香甜的美梦！"

经常肯定孩子的行为，孩子不当的行为就会越来越少，恰当的行为就会越来越多。只要父母始终用一颗爱心去发现孩子身上的闪光点，善于捕捉任何一个转瞬即逝的教育契机，不失时机地给予孩子积极的鼓励，孩子的自我认同感和自信心便都会提升。

做"60 分妈妈"，不再侵犯孩子的生活

今天要做什么，明天该穿什么，这些事情不能做，那些事情不能做……许多家长经常对孩子说这样的话，哪怕孩子长大了，父母们还在为"不能管他一辈子"而遗憾。殊不知，孩子早已对"被管一辈子"心生恐惧。

现如今，"60 分妈妈"的教育理念越来越得到妈妈们的认同，尤其是在少儿阶段。100 分的妈妈，会把全部注意力都聚焦在孩子身上，认为自己做得越多越好，才不会让孩子输在起跑线上。实际上，100 分的爱和关注只会束缚孩子的个性自由和能力发展，让孩子变得越来越不自信。100分妈妈养育的往往是事事依赖父母的孩子，这样的孩子常常怀疑自己的能力，缺乏自信。而一个不自信的孩子，又会加重妈妈的焦虑和内疚，这样就形成了恶性循环。

60 分的妈妈，关注孩子的成长，却不侵犯孩子的生活。在她们的教育理念里，所有的事情，不管是好的事情，还是坏的事情，都要懂得放手，让孩子自己去体验，这样才能让他们积累经验、培养能力。做一个"60 分妈妈"，就是要做到凡事有原则、会示弱、能放手，不强求，这样孩子才能

更加阳光，让父母更加省心。

为此，家长要努力营造一个宽松的成长环境，少为孩子提供不必要的帮助，要懂得放手，并鼓励孩子自己去尝试，哪怕是犯错也没有关系。对于幼儿期的孩子，每天可以给他们一些简单的任务让其独立完成，让孩子在日常小事中感受到被信任和被需要，那么，他们在完成任务后，必定会产生一种非常强烈的成就感，而成就感无疑是孩子树立自信心的源泉。因此，家长不妨从日常生活入手，对于孩子力所能及的事情给予其充分的锻炼机会，这样才能让孩子体验成功的快乐，建立真正的自信心。

另外，虽说"望子成龙，望女成凤"是很多父母的期望，但是千万不要给孩子设置过高的标杆，这样只会给孩子带来巨大的压力，让他们的自信心更加受挫。要知道，每个孩子都有自己的特点，都是按照自己的速度成长的，如果大人一味地按照自己的想法去要求孩子，他们的心理很可能会因此受到一定程度的伤害。尊重孩子的个性特点，换个方式爱孩子，给孩子更加宽松、自由的成长空间，这对其一生的成长都是有益的。

2. 警惕以自我为中心，让孩子学会谦让和关心别人

现如今，孩子的自私和霸道已经成为现代教养的一大难题。这些孩子生来就被父母捧在掌心，再加上越来越优渥的生活条件，让他们既缺乏与别人分享食物、分享玩具的愉快体验，同时又滋生了独占一切、自私自利、不懂得谦让的坏习惯。与此同时，父母不恰当的管教方式也会在无形中影

响孩子谦让和关心他人的良好品质的形成和发展。

父母的困惑：到底该不该替孩子要回被抢走的玩具

有小孩子的地方就会有"战争"，这话说得一点都没有错。几乎所有家长都遇到过这样的难题：孩子们在一起本来玩得好好的，但是玩着玩着就会因为抢玩具而"大打出手"。而这还不是最头疼的情况。如果你的孩子原本开开心心地玩着自己的玩具，可是另一个孩子却非常霸道地把他手里的玩具给抢走了，他因此哇哇大哭，央求你要回玩具，这时候，你该怎么办呢？

也许有的家长会说必须帮孩子抢回来，而且还要鼓励和教导孩子："你自己的玩具，就得你自己去抢回来！"在这些家长看来，自己的东西就该归自己所有，如果自己的东西被别人抢去了却不采取行动，长大了很有可能就会懦弱无能，不敢争取和维护自己的利益。

可是如果大人帮孩子"抢回来"，是不是容易助长孩子霸道自私的心理？"抢"含有侵略性，鼓励孩子进行这种行为势必对孩子的善良品性产生消极影响，而且不利于孩子发展良好的社交关系。

当然，也有一些家长可能会对孩子说，没有什么大不了的，要懂得分享，虽然玩具被抢了，但是小朋友玩够了自然会还回来，而且玩具仍然是你的，只是暂时被别的小朋友给"借"走了。同时，这类家长还会帮孩子找来一些其他玩具，以此转移孩子的注意力。这样"战争"就被消解了。这样的做法，也有一定的作用和帮助，但也还是有不足之处。

一味地让孩子去"抢"，很可能让孩子变得攻击性很强；没有与孩子商量，无视孩子的需求就让孩子大方隐忍，或是转移注意力，这其实就是在逃避问题。

所以，对于要回玩具这个问题，无论是家长还是孩子首先应该有这样一个明确的认识：既然玩具是孩子的，那么所有权就在孩子手里，至于如何解决，也应该尊重孩子的意愿。作为家长，可以引导孩子适当学会分享，懂得谦让和大方，同时也要让孩子学会争取和维护自己的利益。但是这一切都应该建立在孩子自我意愿的基础上。

最不可取的做法是，孩子本来性格温和，具有谦让和宽容的品性，但是家长却言辞激烈地要求孩子去"抢"去"夺"；或者孩子本来想要争取自己的权益，但是家长却碍于面子和自尊心，强烈地制止了孩子的行为。这些做法都是非常不妥当的。

家长首先要征求一下孩子的意见，问问孩子可不可以先让对方玩。如果孩子非常喜欢这个玩具，或是不愿意玩具被别人拿走，家长引导后孩子也依然表示不愿意分享，那么家长就应该尊重孩子的想法，教孩子如何用恰当的方式将自己的玩具"拿回来"，而不是"抢回来"。自己的东西，拿回来自然无可厚非，但是用"抢"的方式就只会显得野蛮无礼。家长应该教育孩子懂得礼貌，行为上有礼有节。

但是如果孩子对被抢的玩具并不是很看重，经过父母询问和建议之后，孩子也愿意借给其他小朋友玩，那么棘手的问题也就不再是问题了。

在"争抢玩具"这件事上，家长需要针对孩子的个性特征以及当时的具体情况进行引导。只有真正尊重孩子，理解孩子的心理需求，孩子才能在父母的引导下，学会谦让分享，性格也会更加开朗、乐观、自信。

父母对孩子的过度照顾其实是伤害

有这样一个故事，很值得我们每个人深思。

一个奶奶经常带着放学的孙子到学校旁边的一家面馆吃面，每次吃面之前，奶奶都会习惯性地将自己碗里的牛肉夹到孙子的碗里，然后心满意足地看着孙子有滋有味地吃起来。这一天，奶奶在窗口端面的时候，直接拿起筷子，将自己碗里所有的牛肉都夹到孙子的碗里，然后小心翼翼地端到孙子面前。

奶奶笑着说："孩子，吃吧，饿了吧。"

可是孙子却盯着奶奶的碗，皱了皱眉毛，说："奶奶，你今天怎么没有把牛肉给我？"

奶奶说自己的牛肉在端来之前就已经全部夹给他了，但是孙子却不信，大声叫嚷起来："你骗人！你肯定是自己把牛肉给偷偷吃了！"孙子一边叫嚷，还一边用筷子在奶奶碗里乱搅，结果将奶奶碗里的面条全部都倒在了桌子上。

奶奶露出一脸无奈的表情，一边指责孩子不听话，一边用筷子将桌子上的面条又夹回到自己的碗里。

现如今，在很多家庭经常会出现这样一种现象：孩子在家庭中的地位总是高人一等，一家人时刻关照他、陪伴他，好吃的东西放在他面前供他一人享用；每逢家人过生日，爷爷奶奶生日可以不买大蛋糕、不送礼物，但是孩子过生日，必须得有大蛋糕、送礼物……在这种环境中成长的孩子总是以自我为中心，时间久了，必然变得自私，不会关心他人，没有同情心。

俗话说："宠儿多不幸，娇儿难成才。"那些经常被大人过度溺爱的孩子，总觉得大人所做的一切都是理所当然的，他们习惯要什么就有什么，不懂得为他人着想，不体谅大人的艰辛和付出，这些孩子自然很容易变得自私自利、骄横乖张，目无长辈，口无遮拦。

教育专家马卡连柯说："一切都给孩子，牺牲一切，甚至牺牲自己的幸福，这是父母给孩子的最可怕的礼物。"当一个孩子习惯了索取，他就忘记了感恩，当一个孩子总是以自我为中心，他就不具备感受他人和体贴他人的能力。这样的孩子一旦离开家长的庇护，很可能会出现身体、心理上的障碍。

作为父母，虽说我们要给予孩子足够的关注和爱，但如果只是一味地在这条路上狂奔，而不去认真思考、反省我们的所作所为，只会给孩子带来更多、更大的伤害。

孩子总是以自我为中心，怎么办

3～6岁是孩子自我意识发展的关键时期，自我意识比较强的孩子，往往开朗活泼，富有进取心和竞争意识，对待生活也乐观向上。但是如果父母管教不当的话，自我意识强的孩子也可能变得专横霸道、乱发脾气、不善交际、不考虑他人感受……让父母头痛不已。

只有正确的引导和管教，才能促使孩子形成良好的行为个性。那么身为家长该如何帮助孩子走出以自我为中心的不良状态呢？

（1）转移家庭注意的焦点

如果父母和家里的其他看护人总是把注意力、时间和精力过多地集中在孩子身上，这样的爱很可能就会成为溺爱，结果反而强化了孩子以自我为中心的意识，使他们认为自己是家里的中心人物，父母和长辈理所当然地要围着自己转，满足自己的一切要求。

对此，父母需要有意识地转移家庭注意力的焦点。也就是说，当孩子与其他家庭成员一样被平等地对待时，孩子才能正确地认识自己，也才能懂得关注别人。

（2）多带孩子参加集体活动

在孩子的成长过程中，如果大人给予过度的保护、呵护，孩子很可能会失去与他人游戏、合作、交流的机会，失去认识他人价值的机会。为此，父母应该多鼓励和引导孩子参加集体活动。在丰富多彩的集体活动中，孩子不仅能体验到与他人协同合作的乐趣和意义，还能品尝到成功带来的喜悦和成就感。

（3）培养孩子的同理心

要想帮助孩子解决经常以自我为中心的问题，家长要懂得培养他们的同理心。遇事多让孩子想一想："假如别的小朋友也这样对你，你会不会高兴？你会怎么想？"让孩子学会换位思考，多站在别人的角度想问题，鼓励孩子关注他人的心情和想法。当孩子能够逐渐理解别人的想法和感受，你会发觉他其实有着无限的力量，也会做出一些对他人有益的行为。

（4）教导孩子心存感恩

日常生活中，父母应该适时启发孩子学会用感激、感恩的心态去面对大人的付出，比如让孩子知道父母帮他们做事后要说谢谢。一个懂得感恩的孩子，会时刻感激别人替他所做的一切，也会懂得珍惜自己得到的一切。当孩子感受到别人的善行时，就会想着自己也应该爱别人、帮助别人，这就给了孩子一种行为上的积极暗示。

3. 培养独立生活能力的关键期

独立，是现代人必备的一种素质，是健全人格的重要构成因素，也是一个人能够立足于社会、发挥自身潜力的基础。在孩子的成长路上，给予他最美好的东西就是教会他生存和生活的能力，而不是一味地满足和娇惯。因此，父母一定要重视从小培养孩子的独立性，这才是对孩子最理智的爱。

让孩子独立地面对生活，才是对孩子最理智的爱

玲玲是个 4 岁多的小女孩，一天从幼儿园放学回来后，她就满脸的不高兴，奶奶见了，关切地问她："玲玲，你今天是怎么了？是不是有人欺负你了？"

玲玲摇了摇头，支支吾吾地说："奶奶，今天幼儿园组织生活小技能比赛，可是我不会自己叠衣服，不会自己洗手绢，不会自己叠被子，没有得到奖品，而且小朋友还笑话我，说我是个娇生惯养的孩子。"

"原来是为这个啊。"奶奶一边安抚孩子，一边说，"会那些没用，考试得第一才是最棒的。我们玲玲以后一定要好好学习，那些都不重要，第一名才是最重要的。"

玲玲点了点头，若有所思地答应了。

生活中，我们经常会看到这样的情景：孩子在遇到困难时，总是这样说："妈妈，我做不了，你帮我弄……"每每遇到这种情况，爱子心切的大人就会马上站出来说："没关系，有我呢。"一次、两次……久而久之，孩子就会形成一种惯性思维——"自己做不做都没有关系，反正有大人呢。"

孩子的一生势必要经历无数的挑战和波折，如果父母总是时刻搀扶着他，恨不得为孩子做一切事情，就会剥夺孩子锻炼自己的机会，孩子就会变得越来越懦弱，越来越依赖父母，即便长大以后，也很难放开父母这双"拐棍"。即使有一天，他们离开了父母，也会感到手足无措，因为缺乏主见，不会积极行动，也很难去承担责任。这不仅会影响其个人独立生活的能力，而且对其事业的发展也会带来很大的障碍。

随着孩子慢慢长大，无论是日常生活，还是个人学习，都不可能完全

依靠父母和老师，而是要学会自己的事自己做，遇到问题和困难自己要第一时间想办法去解决。

教育家陈鹤琴曾说过："凡是孩子自己能做的事，就让他自己去做。"其实，当孩子通过自己的努力能够独立解决一些问题之后，就会产生这样的心理认知——任何困难都是可以通过自己的努力解决的。而孩子一旦建立了这种心理认知，对其一生的发展都会非常有意义。

因此，家长要从小培养孩子的独立精神和解决问题的能力，在他们遇到问题时，也不要第一时间就出手相助，而是应该先鼓励孩子自己思考，并自行去解决问题，让孩子发觉自己的潜能，认识到自己的能力。当孩子试过之后，依然无法解决问题时，父母不妨告诉孩子一些思路和方法，引导他们而不是直接帮助孩子去解决。只有你相信孩子一定能够凭借自己的实力做力所能及的事情，那么他们自然不会养成凡事依赖他人的心理与习惯。

如何培养孩子的独立生活能力

早期的习惯培养就像一粒种子，要有意识、有计划地撒种、培土，并坚持不断地施肥、灌溉，才能使这粒种子在爱的呵护下更好地生根发芽，茁壮成长。因此，为了更好地培养孩子的独立生活能力，父母可以从以下几个方面着手：

（1）授予孩子一定的家庭发言权

父母善于给予孩子一定的家庭发言权，允许孩子参与大人的谈话，参与家庭计划的讨论与决定，不仅有助于培养孩子的合作意识和能力，还会让他感觉到自己在家庭中的重要性，认为自己是一个独立的人，可以跟父母一样参与家庭事务，这就很好地培养了孩子的独立性。需要强调的是，父母千万不要认为孩子还小、不懂事就随意忽视孩子以及孩子的想法，殊不知，孩子将来参与社会合作的语言思维能力和交际能力都是在家庭这个摇篮里逐渐培养出来的。

（2）制造适当的分离，改变照顾方式

对于4岁左右的孩子，家长可以刻意制造一些离开的机会，比如短期出差，把孩子交给另一半或是家里的其他长辈照看几天，让孩子明白虽然爸爸妈妈不在身边，但是生活仍然跟以前一样，从而逐步减轻孩子对父母的依赖程度。

父母在离开的这段日子，尽量抽出时间给孩子打电话询问情况，对孩子值得鼓励的行为给予称赞和表扬，增强孩子的自信心，让孩子感到就算爸爸妈妈不在身边，自己依然能做得很好。

（3）让孩子学会分担必要的家务

日常生活中，家长要多鼓励并引导孩子参与一些力所能及的家务劳动，比如洗菜、洗碗、擦桌子、收拾碗筷，或是和大人一起到超市购物等等。让孩子知道为了使家庭生活更美好，爸爸妈妈也是很辛苦的，并且也应该让孩子明白家里的很多事情自己也是有义务出一份力的。同时，当孩子积极地去做这些家务的时候，家长一定要给予及时的肯定和赞扬，这样就渐渐地培养了孩子爱劳动的习惯。

（4）通过游戏调动孩子的积极性

比起生硬的说教，生动、有趣的游戏更容易被孩子接受。比如，在孩子自己洗脸这件事上，父母可以采用游戏的口吻跟孩子说："今天，我们来比一比看谁洗脸洗得又快又干净，好不好？"这样，孩子不仅不会产生排斥心理，还会产生浓厚的兴趣。

（5）持之以恒，观点一致

在培养孩子的独立生活能力时，千万不可以三天打鱼两天晒网。不过有些家庭受多种因素的影响，不可避免地会存在一些观念上的分歧。比如父母坚持认为有些事情得让孩子自己做，而长辈则觉得这是小题大做，坚持要包办代替，这就很容易影响教育效果，不仅不利于孩子正确的是非观的形成，也不利于独立生活能力的培养。因此，家庭成员之间需要事先协调一致，才能避免产生分歧，使孩子早日形成独立生活的能力。

4. 共情能力：看到小伙伴摔倒或生病，心里会着急

现如今，很多家庭的孩子享受着众星捧月的待遇，可是在这种环境中成长的孩子，难免会有点自私、不懂得分享，这时候就需要家长注意培养孩子的同理心，让他们一步一步学会关心、理解他人。而一个能够站在对方的立场，设身处地地去体会当事人感受的孩子，在未来一定会营造出和谐、正向的人际关系。

共情能力能够帮助孩子更好地融入社会、建立关系

共情，就是同理心，共情能力是一个人分辨他人情绪的能力和感同身受的能力。同理心在人际交往中非常重要。有同理心的人，懂得照顾、考虑别人的感受，能让他人感到温暖。这种人总是给人一种如沐春风的感觉，自然也会得到别人的赞赏。生活中，有同理心、懂得关心和帮助他人的人，在你需要帮助的时候，别人也会给予你同样的关怀和关照。

具有同理心的孩子，能够敏感地察觉到他人的情绪，不会说一些让他人难受的话语，不会做出一些让他人难堪的举止行为，他们善解人意、懂

得安慰别人。这样的孩子关心集体，关心他人，做事情总是愿意配合，自然会受到更多人的欢迎。比如在赛跑比赛中，有的孩子不小心跌倒了，有同理心的孩子会主动伸出双手，给予对方帮助，这样的行为总是让人感到格外温暖。

同时，拥有同理心，对孩子未来道德观与价值观的形成与发展也有着积极的影响。比如，有同理心的孩子，对劳动有正确的认识，觉得职业无所谓贵贱，这就形成了正确的价值观。此外，具有同情心与同理心的孩子不仅人缘好，也能以正向的态度去面对周围事物，碰到问题时，也能坦然应对、不轻易逃避，耐挫折能力也比较强。

同理心并非与生俱来，需要父母的引导和锻炼

我们经常会注意到，有些三四岁的小孩就已经能够感受到他人的痛苦了，也懂得试着去安慰别人。比如，有的孩子看见同伴哭了，也会跟着哭起来，或是拿起自己的玩具、好吃的分享给哭泣的同伴，这就是同理心和简单的安慰行为。

虽说同理心的种子早在婴儿时期就已经萌芽了，但是同理心的培养却需要在日常生活中一步步地加以引导与培养。况且由于4岁孩子尚且年幼，无论是在生活经验还是社会认知能力方面都很有限，就更需要大人耐心地引导和帮助。下面介绍的几种方法就有助于训练孩子的同理心：

（1）引导孩子辨识自己的情绪

为了帮助孩子更好地觉察、接纳和同理别人的情绪感受，首先要培养孩子辨识自己的情绪感受，就是我们常说的"将心比心"。

比如，孩子边走边玩，一脸愉悦的表情，这时大人可以问问孩子："你很喜欢这样玩，所以觉得好开心，对不对呀？"

再比如，孩子闹脾气时，大人要先理解孩子的情绪，再指出他不适宜

和可以补偿的行为。"我知道你现在一定很生气，你可以跟小弟弟说你不想跟他玩，但是不应该用力推他，这样他可能会觉得很痛。现在，你可不可以把皮球借给弟弟玩，让他不要那么伤心？"

从这些日常生活的对话中，孩子将觉察到自己的情绪状态，也能从中学习如何解决问题以及体谅别人。

（2）及时回应孩子的需求，让他有被理解的感觉

面对孩子的需求，父母要尽可能地及时给予回应，这样孩子才会感觉到自己被重视，也才能主动地去注意别人所传递出来的需求讯号。

比如，你刚下班就来到厨房准备晚饭，孩子却非要你陪他玩。这时你与其跟孩子生气，倒不如简单地跟孩子说："妈妈知道你很想让我陪你玩，但是妈妈现在要煮饭，请你先等一下！妈妈忙完了，第一时间就会陪你玩，好不好？"然后再给孩子一个"爱的抱抱"作为安抚。

一般来说，4 岁孩子已经能够理解大人的忙碌，你只需要说出孩子的感受，让他有一种被理解的感觉，自然就能逐渐学会如何理解、体谅他人。

（3）以身作则，锻炼孩子的同理心

所谓言传不如身教，想要培养孩子的同理心，家长首先要以身作则，再多的口头训诫，都不及父母以身示范的同理行为来得更有效。

比如说，当孩子不小心擦伤皮肤、流血时，你总能及时关注到他，帮他贴上创可贴，并说一些关心的话，那么当你切菜受伤时，孩子也会效仿你的做法，帮你温柔地贴上创可贴。

生活中，不论是亲友还是素昧平生的陌生人，随处都有展现同理心的时机。通过你一言一行的示范和说明，孩子自然能从中培养同理心，学会关心和帮助他人。

（4）学会观察和关心他人的需求

同理心的养成离不开人与人之间的互动，因此，平时要多带孩子参加集体活动，多与小朋友交往。在这些良好的人际互动中，孩子通过模仿，

会把好的行为与习惯自然内化在心里。比如,当孩子乱丢沙子时,大人要及时提醒他注意周围小朋友的安全,玩耍要不妨碍他人;与小朋友一起玩耍时,让他多观察其他小朋友的言行举止,关心他人的喜怒哀乐。

5. 培养孩子的幽默感

俄国文学家契诃夫说过,不懂得开玩笑的人,是没有希望的人。现实生活中,幽默不仅可以消除沮丧与痛苦,舒缓紧张气氛,还能给自己和他人带去喜悦和希望。在锻炼孩子的幽默感的过程中,他们也能学会用心地体会生活,乐观、从容地面对生活,这才是对孩子进行幽默感教育的真正意义所在。

让孩子从小就有幽默感

幽默是一种优美、健康的品质,它能使平淡的生活充满情趣。可以说,哪里有幽默,哪里就有活跃的气氛;哪里有幽默,哪里就有喜悦的笑声。

也有人说,最伟大的教育,莫过于让孩子浑身都充满幽默细胞。尽管这样的话语未免过于夸大,但是从小培养孩子的幽默感的确非常重要。幽默感是情商的重要组成部分。具有幽默感的孩子大多乐观积极,成年后人际关系也比那些缺乏幽默感的孩子要顺利得多。

随着孩子理解能力和语言能力的发展,大部分孩子会从一些不和谐的因素中感受到幽默的有趣。比如，妈妈穿反了衣服，或是爸爸穿错了鞋子，孩子见了会觉得特别搞笑，于是他们也会跟着效仿，拿起爷爷的帽子扣在自己的头上，或是模仿爷爷的姿势在屋子里走上一圈。

如果你仔细观察一下 4 岁孩子就会发现，他们大多喜欢玩"过家家"的游戏，并且希望爸爸妈妈也都参与进来，他们还喜欢让别人演一些滑稽的角色，做一些夸张的动作，或是用阴阳怪调的语气说话。这其实都是孩子幽默感的一种表现。5 岁以后，孩子逐渐能够自发地从语言和文字中体会到幽默的乐趣和魅力。比如绕口令、双关语，或是同音异义词，总能让他们笑得前仰后合，并且因此喜欢上朗诵这些文章。

如何培养孩子的幽默感

虽说幽默是生活的调味剂，人际关系的润滑剂，善于幽默的人不仅受人喜爱，而且还能获得他人更多的帮助和支持。但是幽默感却并非与生俱来，而是需要在后天的日常生活中不断地培养和锻炼。

大多数美国人总是给人乐观幽默的印象，这与他们的父母从小非常重视培养孩子的幽默感大有关系。很多美国家庭，在孩子 6 个月左右时，父母就开始对孩子潜移默化地进行"早期幽默感的训练"。那么，作为家长，又该如何培养孩子的幽默感呢？

（1）给孩子创设幽默的家庭环境

众所周知，家庭的环境、氛围对孩子的成长至关重要，但是如果一个家庭总是给人严肃、沉静的感觉，孩子自然也快乐不起来，更别说是幽默。相反，愿意也能够和孩子打成一片的家长，自然能带给孩子更多的轻松与快乐。

在这种家庭氛围中长大的孩子，每一天的生活都充满了无限的童真和童趣，他们的脸上更是始终挂着灿烂的笑容。为此，父母可以多陪孩子一起做亲子游戏，用夸张的笑脸和动作与孩子沟通交流，这么做不仅能让孩子收获快乐，同时也能增进亲子关系。

（2）家长要做好孩子的榜样

在一个家庭中，家长的一言一行无时无刻都在潜移默化地影响着孩子。因此平时生活中，家长要格外注意自己的言行，遇到事情尽可能以积极乐观的心态对待，以幽默的方式去解决。当家长以积极向上的心态，乐观地对待一切，而不是一味地悲观失望时，孩子自然会看在眼里，记在心上，久而久之，幽默感就会自然而生。

（3）加强孩子的语言表达能力

丰富的词汇基础有助于表达幽默的想法，相反，如果头脑中词汇贫乏，语言表达能力太差，自然也无法达到幽默的效果。

为此，家长平时可以多给孩子讲一些幽默机智的故事，既训练了孩子思维的敏捷性，又丰富了他们的词汇。父母在读故事的过程中，也要注意将幽默的节奏和表情传递给孩子。需要提醒的是，阅读的培养是一件静待花开的事，家长千万不要操之过急，当孩子的内心世界足够丰富时，幽默感自然而然就会表现出来。

（4）玩语言游戏，让孩子的幽默能力大增

4岁多的孩子，语言能力的发展很快，他们已经能够从语言游戏中体验到幽默的独特乐趣，比如一些富有韵律的童谣，不仅通俗易懂，形象生动，而且还蕴含着美好的生活意境。孩子在听的过程中，当其体会到其中的幽默时，自然会发出阵阵欢乐的笑声，而且多读童谣，还能很好地培养孩子的乐感和美好的品德。除了读童谣，猜谜语、歇后语也是不错的选择，陶冶情操的同时，也能启发孩子的思维，培养联想能力。

6. 请最大限度地呵护孩子的自尊心

伊伊是个 4 岁半的小女孩，上幼儿园中班。这一年多来，伊伊在幼儿园适应得非常好，也培养了比较固定的生活习惯。

但是，进入冬天以来，可能是天气稍微有些冷，伊伊尿了两次裤子。因为伊伊在幼儿园没有备用的裤子，所以老师给伊伊妈妈打了电话，当时全班小朋友都听见了，有几个孩子还哈哈大笑，反复地说"伊伊尿裤子了，伊伊尿裤子了"。

没过几天，伊伊又发生了一次同样的事，这次幼儿园的小朋友们笑得更大声了，而伊伊的表情既惊慌又难过，即便是装出的镇定也难以掩饰内心的紧张和不安。她无助地望着大家，眼眶里的泪珠不停地打转，双手紧紧捂住裤裆。但是大家似乎并没有看到伊伊这样的表情。

就这样，在之后的一个月里，"尿裤子"的口号始终跟随着伊伊。

更重要的是，伊伊妈妈看到孩子这么大了还尿裤子也有些急躁，言辞里充满了责怪："好好的，怎么又尿裤子了？想上厕所，为什么不提前跟老师说呢？"妈妈这么说的时候，却没有注意到伊伊脸上的委屈。

从那以后，本来挺喜欢去幼儿园的伊伊变得只要大人一提幼儿园就一脸不悦，说什么都不愿意去。

是谁伤了孩子的自尊心

孩子到了四五岁，随着自我意识的发展，他们的自尊心会越来越强。

如果遇到问题，大人仍然像小时候那样用简单、粗暴的方式管教孩子，非但解决不了问题，还极易滋生出许多问题。生活中，下面这些行为就很容易伤害孩子的自尊心：

（1）当众羞辱，甚至打骂孩子

很多家长在孩子做错事时往往不能很好地控制自己的情绪，结果不顾旁人在场而对孩子大声训斥、当众批评，还有的家长甚至当众打孩子。也许家长只是想纠正孩子的行为，或者仅仅是为了发泄情绪，但却没有意识到孩子在别人注目下被羞辱、被打骂，会让他产生强烈的羞耻感，感觉自己低人一等，从而产生自卑心理，做事畏手畏脚，与父母发生隔阂，严重的还会留下心理阴影。

（2）给孩子设置过高的目标，忽略孩子的进步

当今社会，望子成龙、望女成凤是很多家长的心愿，有些家长经常不顾孩子的感受和想法就给他们设置过高的目标，提一些过于苛刻、不切实际的要求，比如给孩子报各种各样的兴趣班，要求孩子在同龄人中出类拔萃，等等。孩子一旦没有达到父母的预期，还可能会被扣上"没出息""不争气"的帽子。但是对于尚且年幼的孩子来说，领悟能力和自制能力都还很有限，过于严苛的要求和不切实际的目标只会适得其反。长此以往，孩子心理压力难免会过大，可能导致性格变得谨小慎微、胆小怕事。

（3）喜欢拿自己的孩子跟别人家的孩子进行比较

很多父母总喜欢拿自己的孩子跟别人家的孩子进行比较，在这些父母眼里，似乎只有别人家的孩子才是值得欣赏的、值得夸奖的，其实父母之所以这么做无非是想通过这种方式激励自己的孩子。

但是父母的一言一行在孩子眼里很可能就是一把无形的利剑，让他们觉得自己永远都不如别人。要知道，没有一个孩子愿意承认自己比别人差，他们内心都非常渴望得到成人的肯定，家长若是经常拿自己孩子的缺点与别人家孩子的优点进行比较，只会让孩子在一次又一次的自我贬低中越来

越自卑。

（4）大人对孩子过于严厉

生活中，有一种父母对孩子的要求总是非常严格，他们总认为家长就是权威，家长说的话就是真理，而孩子只能服从。如果孩子哪里做得不够好，不能达到父母的预期，他们就会对孩子大加指责，苛刻时还会给孩子严厉的处罚。

孩子的自尊心其实很脆弱，他们渴望得到成人的理解与尊重，但是父母的一意孤行、独断专权很容易让孩子感受沮丧，觉得父母不爱自己，自尊心严重受挫。长期在这种环境下生活，有些孩子还可能会因此"破罐子破摔"，言行更加恶劣，甚至导致将来走上歧途。

如何尊重和保护孩子的自尊心

很多人认为，只有成年人才有不可触碰的底线，其实，孩子同样也有自己不可触碰的"底线"。每一个合格的父母，在早期教育的时候，都应懂得如何尊重和保护孩子的自尊心，下面这些方法就值得借鉴：

（1）家长要学会欣赏自己的孩子

每个孩子都是自然界最伟大的奇迹，每个孩子都有自己的强项和弱项，而且每个孩子的智能发展都是不均衡的。因此，作为家长，不能总拿自家孩子与别人家的孩子作比较，不能总拿自己孩子的弱项和其他孩子的强项作比较，不能因为孩子在某一方面"不可造就"，就将其整个人及今后的发展全部都否定了。

作为家长，要学会欣赏孩子，告诉孩子每个人都有资格在自己生命的交响乐中演奏出属于自己的美丽乐章。同时，家长也要善于发现孩子的强项，并且给予孩子恰当的赞赏和鼓励，这会让他越来越自信，也是最大化孩子潜能的重要通道。

（2）与孩子平等对话

孩子眼中的世界和大人眼中的世界完全不同。如果父母不能放低姿态与孩子进行平等对话，就根本无从知晓孩子心里到底在想什么，也就无法真正照顾到孩子的自尊，结果很可能会说出伤害孩子的话，做出伤害孩子的事。大人蹲下来与孩子平等地对话、沟通，将是孩子最大的幸福。

（3）父母要循循善诱，就事论理

4岁孩子具有强烈的自我意识。作为父母，不能简单、粗暴地对待孩子，这样极易使他们在愤恨中越来越自卑，而应循循善诱，就事论理，善于抓住生活中的点滴小事，给孩子讲一些简单的道理，引导并锻炼孩子学会从他人的角度考虑问题，让孩子认识到人与人是平等的，从而懂得只有尊重别人，别人才能尊重自己的道理。

（4）多为孩子创造表现自己的机会

4岁孩子大多喜欢表现自己，做事情也喜欢得到成人的关注和称赞，为此，父母应该尽可能地给他们创造机会，施展他们的才华，并用爱抚的微笑、诚恳的赞许，鼓励孩子的进步。这样不但可以使孩子越来越有信心，在满足之中建立自尊，还可以培养父母与孩子之间的感情。

（5）把孩子当作独立的个体

如果父母对孩子管教过严，凡事喜欢用成人的标准要求孩子，用命令的口吻跟孩子讲话，很容易使孩子在畏怯中失去自尊。其实，父母应该把孩子当作独立的个体，鼓励他们大胆地发表自己的想法，鼓励他们与成人争辩是非。如果父母确实说错了、做错了，那就坦诚地承认，并向孩子道歉，让孩子觉得父母是尊重他的，自己也应该尊重父母和别人。当然，一味地表扬、奖励孩子，也可能会使孩子产生虚荣心。

（6）批评孩子时要注意方法

在孩子的成长过程中，难免会有做错事情的时候，面对这种情况，家长不能无所顾忌地对孩子大发雷霆，甚至当众斥责、辱骂，这样只会伤害孩子自尊心，达不到良好的教育效果。

不管是遇到困难还是犯了错，孩子内心肯定已经非常难过，这时候，更加需要家长的理解和关怀。在孩子内心得到抚慰、情绪平稳以后，再对其进行引导和批评。批评之后，父母也要表达对孩子的信任，积极鼓励，让他日后对同类事件充满希望和信心。这样的批评才能达到教育的目的。

（7）及时帮助孩子化解尴尬

以前面案例中伊伊"尿裤子"的事件为例，家长、老师需要给予孩子共同的关怀和保护，从而帮助孩子化解尴尬。幼儿园老师应该在第一时间安慰孩子，告知父母的时候要避讳其他小朋友。别的小朋友起哄的时候，可以引导其他小朋友认识到这是很正常的现象，大家要共同爱护伊伊。

伊伊妈妈在面对这件事情时，更应该成为伊伊的坚强后盾，向伊伊解释每个小朋友都会遇到这种情况，这是很正常的。然后引导伊伊自己想出解决办法。同时与老师做好沟通，一旦在幼儿园出现特殊情况，请老师当时给予恰当的纾解。总之，呵护孩子的自尊心就要多关注孩子的心理变化，家长的细心可以让孩子避免遭受心灵上的伤害。

7. 让孩子成为一个内心强大的人

最近，优优特别爱生气，而生气的理由也常常令大人啼笑皆非。

比如有一次，妈妈陪优优玩，妈妈问她："周末要不要去吃好吃的？"优优马上接话："吃大餐，吃大餐。"

妈妈故意问她："可是，妈妈没有钱了，怎么办？"

优优马上接话："可以刷银行卡啊！"

"你还知道刷卡呢！"妈妈听了，觉得很有趣，就哈哈笑了。

"你为什么要笑？你笑什么呢？"优优小脸一沉，不高兴了。

"妈妈是觉得你可爱才笑的。"妈妈赶忙解释。

"哼，我再也不理你了，我不愿意跟你说话。"优优生气地走进卧室，还把房门"砰"地一声给关上了。

类似的事件还有很多，如果孩子说了什么话，引发全家人的一片笑声，她会以为自己被嘲笑了。看得出，优优的心是非常脆弱、非常敏感的。

现在的孩子大多是独生子女，优越的生活环境也带来了一些教育弊端。比如为了把孩子照顾好，很多事情大人都包办代替，结果孩子错失了很多锻炼和成长的机会，好奇、好玩、敢于冒险的天性慢慢被泯灭，由此也形成了胆小、脆弱的个性。

四五岁孩子的内心其实是非常脆弱的，他们动不动就爱哭，什么都要争第一，如果不是第一就会很生气，而且总是要得到大人的特殊照顾。

父母都希望自己的孩子成为一个内心强大的人，因此，经常会对孩子说"别哭了""坚强点""你是男子汉""女孩总是哭，没人会喜欢的"这样的话。事实上，要想培养内心真正强大的孩子，并不是一味地让孩子要"强"，更重要的是让孩子从小感受到父母温暖的爱。此外，还要平等地对待孩子，尊重孩子的想法和决定，发自内心地欣赏孩子，放手让孩子做自己力所能及的事情。总之，塑造一个内心强大的孩子，需要家长在日常生活的方方面面进行引导。

为孩子树立明确的是非观

懂事明理的孩子往往内心也很强大。尽管 4 岁孩子年龄尚小，但是一定要注意传达给孩子正确的人生观、是非观，引导孩子形成健康的人格。四五岁这个阶段，正是孩子是非观逐渐形成的重要时期。为此，坚持爱与规则并重仍然是父母的一门必修课。

现如今，我们总是强调"爱"的教育理念，鼓励家长尊重孩子，和孩子做朋友，但是"爱"最怕的是没有是非观。事实上，只有爱和规则的平衡，才是教育孩子的法宝，而且只有在爱和规则中长大的孩子，才会形成正确的是非观和责任心。

孩子在四五岁的时候，开始关注一些社会现象，这时候父母明确的解释和引导就非常重要。比如，过马路的时候，要提醒孩子注意交通规则。红灯停、绿灯行，就是孩子最早熟悉的交通常识。

但是日常出行时，孩子看见那些未遵守交通规则的人时，家长该怎么解释？或者家长是否会坚持等到交通灯变绿才通行，哪怕马路上没有车辆呢？

很多时候，父母教育孩子要这样，要那样，但是自己的实际行为与"言传"却常常不符，这就成了孩子反面的榜样，使正在形成是非观、价值观的孩子感到为难、困惑，进而让他们对是非曲直的标准产生怀疑，有时候还会抵触父母的教育，甚至顶撞父母，有的孩子还会因此学会圆滑世故，变得虚伪。

因此，父母在培养、教育孩子的过程中，一定要做好孩子的榜样，受到好的言传身教的影响，孩子自然也会效仿父母的好的行为。这样，即便孩子在遇到一些特殊情况时，也会多一些坚定、少一些困惑和迷茫。

让孩子认识并接受自己的弱点

真正内心强大的人绝不是没有任何缺点，或者是对任何缺点都视而不见，而是他们非常清楚地明白，每个人都有自己的不足，但同时也都有自己的长处。内心强大的人不仅敢于面对自己的缺点和不足，还愿意把自己的缺点和不足当众提出来，让更多的人给自己提建议，从而让自己有更多的提升空间，有更快的进步和发展。

对于孩子来说，他们的优势就是其自信的来源，但能够正视自己的不足，才是真正的勇敢与自信，也才能让自己不断地成长与进步。

前不久，悦悦妈妈和单位同事组织了一场家庭亲子爬山活动。相比其他小朋友，悦悦一直爬在最后面。其实悦悦在几个孩子中年龄本来就比较小，而且平时爬山的机会也不多，跟这么多哥哥姐姐一起爬山，自己爬在最后面也是非常正常的。

但是，在这件事上，悦悦却表现得很激动、很情绪化，爬着爬着就撅起小嘴，一脸不悦，对大人乱发脾气。

悦悦妈妈很明白女儿的心思，于是就问她："那么，悦悦知道自己为什么落后呢？"

悦悦干脆地说："是哥哥姐姐们比我高。"

妈妈说："这确实是一个原因，但更主要的是，悦悦虽然有很多长处，比如诚实善良、喜欢画画、喜欢照顾家人、很有想象力，但是呢，就现在来看，你的个子不是很高、身体不够强壮、运动方面也不够厉害，这些都是你的短处。"

看悦悦若有所思的样子，妈妈又接着说："如果你好好吃饭，好好锻炼，身体就会越来越棒。其实，每个人都会有短处，努力提升就好了，不如别人并不是一件不能被接受的事情，只是暂时而已，你说是不是？"

毫无疑问，作为家长都希望自己的孩子能够成为一个内心强大的人，但也经常会因此做出一些违背教育理念的事情，比如孩子哭闹的时候，就会生气地说"不要哭了"；孩子一个人玩的时候，就会提醒甚至逼迫孩子"快，去找小朋友玩"等等。

其实，要想培养真正内心强大的孩子，并不能一味地追求"强"，而是要以一颗平常心接纳自己的孩子，特别是接纳孩子身上的一些弱点。比如在孩子遇到困难的时候，作为父母，首先应该充分肯定孩子的长处，同时也要毫不避讳地指出孩子的短处，让孩子接受真实的、原本的自己，让孩子获得"就算自己有缺点也没有关系"的心理安慰，这才是培养"真正的强者"的第一步。帮助孩子接受不完美的自己，才能让他们更加明白如何弥补自己的短处，以及如何找到自己努力的方向。

要有赢的决心，更要有输得起的心态

从心理学上讲，孩子的心智是逐渐发展健全的，有"输不起"的心理也非常正常。孩子总希望自己是第一名，要比别人强。但是正因为他们本身有弱项，在集体活动中，一旦有不如他人的情况，就会表现出不满、不高兴的情绪，正如上文提到的悦悦。

"输不起"通常有两种表现：一种是面对挫折与失败，会采取回避的态度。比如画画时，听到不如小朋友的话，孩子索性就放弃，干脆不画了。另外一种是，性格急躁的孩子一旦在游戏中输了，就会大发脾气，甚至以绝交、哭闹来宣泄。

让孩子正视自己的弱项不是一朝一夕的事，但是在失败时让孩子拥有一个输得起的心态就尤为关键。当孩子面对挫折和失败时，家长的鼓励和安慰可以缓解孩子激烈的情绪反应。在孩子进行某项活动前，不要将焦点只放在结果上，相比而言，孩子在这个过程中是否愿意尝试，以及为此付出怎样的努力，才是最重要的。

做事情的时候，父母应该让孩子明白"尽力而为"的道理，即使失败也并不意味着自己永远都会失败，让孩子知道即使失败父母也仍然爱他，一如从前一样爱着他。

一生中，我们会经历很多事情，悲喜交替，有坦途也会有挫折，用什么样的心态来面对，往往决定着幸福感的高度。每一位家长都希望自己的孩子长大后，能够乐观向上、明辨是非，遇事不急不慌，不惹事不怕事，也许这就是内心强大的最好解释。因此，在平时的教育中，就要从点滴入手，言传身教，及时给予孩子合理的帮助和引导。

第六章

如何全面提升
孩子的能力

　　4岁的孩子，身体发育和心智发展突飞猛进，各方面能力也在不断发展。他们就像是一只只活力四射的小鹿，总是不停地奔跑着。他们的身体随时做着驰骋绿茵的准备，他们的眼睛不断搜寻新奇的事物，他们有着聊不完的话题、尝试不完的实验、探索不尽的趣事。你会为孩子的这些成长感到惊讶与欣慰。

1. 培养 4 岁孩子的注意力，妈妈要知道的事

在 4 岁这个阶段，最让父母担忧的一个问题莫过于孩子的注意力是否集中。几乎所有父母都认为自己孩子的注意力或多或少会有一些问题。

"我有一个女儿，4 岁 3 个月。最近一段时间，我发现她的注意力特别不集中，叫她看书眼睛总是盯着别处。舞蹈老师也说她不能安静地站着听讲解，让她做这个动作她却做另外一个，要不就跑到一边玩。"

"我的孩子 4 岁半，幼儿园老师说他哪里都好，就是注意力不集中。上课不集中，吃饭也不集中。"

"我的孩子不到 5 岁，他几乎在任何场合都无法安静下来，总是处乱闯乱跑，也不听大人劝阻。"一位妈妈沮丧地说。

……

注意力是指人的心理活动指向和集中于某种事物的一种能力。注意力不集中，即我们常说的不专心，是孩子在其成长过程中非常普遍的一种现象，也是困扰很多家长的一个重要问题。

对于注意力较为分散的问题，如果父母不采取有效措施进行纠正，久而久之，孩子很有可能会对任何事物都难以进行深入的思考，而且这对孩

子日后的学习、成才也会带来不利的影响。

要知道，孩子的注意力问题与其智力发展往往有着非常密切的关系。在吸取知识的阶段，如果孩子的注意力不够集中，学习的效果自然不会很好。等到了学龄阶段，也会因为注意力较差的问题而引发学习上的更多问题。

孩子的注意力水平如何

4岁以前，孩子无意注意的时间要更多一些，并且占据主导地位。所谓的无意注意就是没有预设目的的注意，这种注意不需要一直努力地专注于某个事物。一般来说，这种时候，越是新奇、变化多端的事物，或者越是颜色鲜艳、有声响、形象滑稽的事物越能引起这个年龄段孩子的注意。但是对于这一阶段的孩子来说，他们无意注意的稳定性还比较差，注意力非常容易分散。

4岁以后，随着孩子年龄的增长、语言的发展以及大人的引导，孩子的有意注意会逐渐形成，也就是说，他们对有预定目的、必要时需付出意志努力的事物会更加注意。在没有干扰的情况下，4岁孩子的有意注意可以持续10分钟左右。因此，在这一阶段，父母要着重培养孩子有意注意的能力。

但是由于孩子的注意力水平相对成人来说，稳定性仍然比较差，持续时间也较短，所以，不能用大人的注意力标准去要求孩子。换句话说，一旦孩子发生各种注意力不集中的情况，一定要给予孩子足够的理解和包容，然后再想办法引导孩子，提高他的注意力。

另外，由于每个孩子注意力持续的时间是不一样的，有的比较长，有的比较短，家长不能简单地作横向上的比较。当我们分析孩子的注意力问题时，需要综合考量其是否在任何活动或是任何事物上的注意力持续时间都是一样的，还是只对他感兴趣的活动或是事物注意的时间会长一些，对不喜欢的活动或是事物的关注时间则会短一点？如果是后者，家长就不要表现得过于焦虑，以一颗平常心来对待这个问题就可以了。

除此之外，还有一些家长经常将"多动症"挂在嘴边，随意给孩子扣上"多动症"的帽子。通常来说，注意力不集中、多动这种现象基本上会随着孩子年龄的增长而逐渐好转，真正注意力不集中的多动症儿童还是非常少的。不过，需要强调的是，如果孩子出现让家长怀疑或是担心的注意力方面的问题，家长一定要及时寻求专业的评估和帮助，不能盲目下结论，更不能自行服药来解决。否则，会给孩子造成紧张的气氛，引导不当还可能造成更加严重的后果。

孩子注意力分散，是有原因的

虽说绝大多数家长都想让孩子训练注意力，可是，究竟什么原因造成孩子的注意力不够集中呢？一般来说，导致孩子注意力分散的原因主要有以下几种：

（1）受环境干扰，无法集中注意力

4岁孩子的注意力易受到外源性刺激和内源性刺激的影响。外源性刺激主要是环境的刺激，如果孩子的房间里到处都是吸引他注意力的东西，他的注意力就会受到干扰；内源性刺激主要是心理上的刺激，比如家庭面临重大危机、不停搬家、父母或其他家庭成员的关系非常紧张等等……这些都是孩子注意力不集中的主要原因。

所以，很多时候不是4岁孩子的注意力不集中，而可能是父母给孩子提供了不良的环境，让孩子不停地分散注意力。

（2）孩子得到的关注太少

我们都知道，每个孩子都希望得到他人的关注和肯定，他们往往会通过一些游戏、专注于某件事情，特别是恶作剧，以此获取他人更多的注意。

可是，如果游戏没有了观众，对孩子来说，游戏就没有意义了，孩子自然就"顾左右而言其他"了，这样很容易给人一种"这个小孩一点都不专心"的印象。

（3）孩子不懂怎么做

有时候，4岁孩子是因为不知道自己做事的动机是什么，为什么要这么做，所以对自己正在做的事情感到力不从心，缺乏耐性。

比如，为什么要上兴趣班，为什么要好好吃饭，为什么要去幼儿园……这些简单的问题，在孩子眼里却可能是一个很大的问号。当孩子不知道做这些事的动机时，他们又怎么会投入十足的兴趣和专注呢？

（4）孩子缺少玩耍的时间

现如今，我们经常会看到这样一些现象：很多4岁孩子白天要去幼儿园，从幼儿园回来还要参加各种兴趣班，甚至连周末时间都被大人安排得满满的。可是，在这些孩子身上，我们似乎很难看到这个年龄段孩子该有的活力，反而更多的是听到来自父母的抱怨，"我的孩子学习没动力、不专心""孩子老是一副懒懒散散、疲惫的样子"。

另外，孩子睡眠不足、生病，或是某些原因引起的情绪不安，也会不同程度地影响其注意力的集中，使其出现分心的现象。

注意力训练的技巧：重视家庭对孩子注意力的影响

我们都知道，专注的能力和品质，不仅影响孩子当前的生活和习惯的培养，而且还会影响到孩子的未来。培养并提升孩子的注意力，值得所有家长重视。以下几点需要格外注意：

（1）减少注意力的干扰因素

很多时候，孩子之所以注意力不集中，往往是因为家长在孩子幼时不断干扰孩子的不当行为造成的。为此，当孩子集中精力投入某件事时，比如玩玩具、看绘本、盯着一件物品看时，家长切记不要随意打断孩子或是制造声响过大的噪音。家长有意识地注意自己的行为举止，才能更好地呵护和培养孩子的专注力。

与此同时，我们还会发现孩子对自己喜欢或是感兴趣的事情，注意力都会非常集中。这种注意力在4岁这个年龄段完全是属于自发性的，而与自发性关联最大的则是好奇心。只要孩子对某个事物有好奇心，就会有行动的意欲，并且表现出惊人的注意力。因此，当你的孩子正热衷于某一游戏时，请不要去打断或阻碍。

（2）为孩子创造不被干扰的环境

4岁孩子注意力的稳定性还比较差，容易因新鲜事物和周围刺激物而转移注意力。因此，父母平时要排除可能分散孩子注意力的一些因素，比如，孩子玩玩具或看绘本的地方最好在儿童房，糖果、电子产品尽量远离孩子的视线，家庭环境布置得井井有条，培养孩子生活的规律性，等等，这些都有助于提高注意力的稳定性。另外，当家庭出现不得已的争吵和变动时，也要让孩子明白，这些改变都不是孩子造成的，爸爸妈妈仍然像以前一样爱着他。

（3）让孩子生活规律，并加强时间管理

为孩子创造规律的生活环境，规律的作息习惯，让孩子的生活有动有静，有张有弛，这对孩子的注意力培养起着非常大的作用。当孩子适应规律的生活以后，在作息转换时，才能较快地由一种状态进入到另一种状态。

（4）在游戏中锻炼孩子的注意力

游戏可以很好地锻炼孩子的注意力，比如串珠子、走迷宫、找不同等等。这些游戏不仅好玩、有趣，还能满足孩子的需求，时间久了，孩子的行为自然会更加专注。

2. 培养孩子的好奇心和想象力

4岁孩子最显著的特征便是拥有非凡的好奇心和想象力。他们想要了解任何事情的意义，甚至用自己的想象力来赋予事物特殊的意义和联系。

对于身边的一切，他们都会提问；对于身边的一切，他们都会重新排列，并且创造出属于自己的故事。受这种强烈的好奇心和想象力的影响，他们在这个阶段经常会创造出很多"伟大的作品"，乐于接触，比如画画、乐高模型、音乐、创造故事等方面的游戏。

当然，4岁孩子也会思考一些抽象问题，把一切事物都跟自己联系在一起。比如当他们听到别人正在谈论某种疾病的时候，就会想"我会得那种病吗""我不希望妈妈得"；当有人提到火车时，他们就会想"我哪天也能坐火车呢"。

当然，好奇心和想象力也会促进孩子思维的发展，因此，在这一阶段，家长们要格外对孩子的好奇心和想象力给予足够的关注和重视。

强烈的好奇心：对一切问题都要一探究竟

好奇心是孩子智慧的萌芽。孩子对世界的认知就是从好奇发展而来的，孩子的好奇心越强，求知欲越强，想象力和创造力就越强。而且孩子的好奇心还有助于其动手能力、独立思考能力、观察力等各方面能力的发展。

4岁后，孩子感兴趣的事物会越来越多，他们经常会对一个问题刨根问底。这种时候，家长一定要予以详细解答，不能敷衍，不能随意打断。对于孩子好奇的提问，大多数家长一开始还能做到耐心和细心，但是当孩子接连不断地提问，有些甚至没有任何理由，或是连父母都难以回答时，有些家长难免会表现出几分烦躁与不安，为此一定要做好心理准备，不能因为孩子没完没了地提问就打压孩子的好奇心和积极性。

另外，由于孩子尚且年幼无知，他们大多好奇自己看到的、听到的以及摸到的一切事物，这样一来，很可能引发危险和安全事故，而孩子自己却并不知晓，所以需要父母给予必要的关注和提醒。但是，父母仍要尽量鼓励孩子去尝试，去体验，在安全可控的范围内，保护好孩子的好奇心。

日常生活中，为了更好地保护孩子的好奇心，父母需要明白这些事：

（1）以身作则

父母是孩子的第一任教师。如果父母是求知欲强烈、喜欢钻研探索、善于观察和勤于思考的人，在这种耳濡目染的熏陶和影响下，孩子自然而然地就会从中受益，而且这种效果远比刻意培养要有效得多。

有的时候，父母为了更好地激发孩子的好奇心，甚至需要在孩子面前展现出"好奇宝宝"的一面。比如，父母带孩子外出的时候，可以时不时地表现出自己对身边事物的好奇，孩子在你的引导和鼓舞下，也会表现出相当大的兴趣和热情。

（2）真正了解孩子的兴趣

那些真正吸引孩子注意力的事物才是孩子真正感兴趣的地方所在，而且在这个过程中孩子往往也能学到更多的东西。比如孩子喜欢画画，父母就带他到公园，和他一起画画；孩子喜欢唱歌，父母就经常播放音乐给他听，并且跟他一起唱。

（3）正确回答孩子的问题

孩子在不同年龄段，理解能力是不一样的，而且不同性格的孩子也有着各自不同的关注点。所以面对一个问题时，家长给孩子的答案应该是开放的、丰富的。另外，在回答孩子的问题时，父母要多用反问句，比如

"你是怎么想的""那么，你说呢"，用提问的方式引导孩子独立思考，鼓励孩子想出自己的答案，无论孩子的答案正确与否，都要如实告诉他。

这样做既可以鼓励孩子独立思考，独立寻找问题的答案，还能让孩子明白爸爸妈妈并不是什么答案都知道，有些答案需要自己动手动脑去查找、验证。

（4）父母成为资料库

有句话是这样说的，孩子未来的成就决定于你现在给孩子看到的世界。为此，父母要成为孩子的资料库，让孩子对博学多闻的父母产生敬佩，进而对知识和学习产生敬畏。而阅读就是一个最好的途径，在阅读的过程中，孩子可以涉猎多方面的知识，文学、历史、科学、地理、艺术等等。这些知识可以扩大孩子的视野，让他们的思维更开阔，而且孩子懂得多了，自然也会对这个世界充满更加浓厚的兴趣，进而提出更多的问题。

想象力：飞速发展

想象力在人类生活中起着非常重要的作用。爱因斯坦曾说过："想象力比知识更重要，因为知识是有限的，而想象力则概括着世界上的一切。"借助想象力，人们可以创造美好的生活。3岁开始，孩子就有了想象力，比如这个阶段的孩子非常喜欢玩的过家家游戏，就是一种想象力的游戏。孩子把玩偶想象成人，拿着小杯子给"他"喝水，拿着小毛巾给"他"洗脸、擦眼泪，都反映出孩子丰富的想象力。

很多大人都有过这样的体会：在某些方面，比如拼插玩具、绘画、舞蹈等，最能体现想象力的事情上，孩子往往做得比大人要好。因此，有一种说法认为，想象力在幼儿时期会达到顶峰，也是有一定道理的。

幼儿时期的想象是丰富而杂乱的，以缺乏明确目的的无意想象为主，同时有意想象和创造想象也在逐步发展。具体来说，会呈现出以下几个特点：

想象的主题多变，容易从一个主题变换到另一个主题。比如，孩子一会儿想当警察，一会儿又想当科学家。

现实与想象分不开。4岁孩子经常会混淆现实与想象，甚至有可能被误认为说谎话。比如在幼儿园我们总会看到这样一幕，如果是孩子喜欢的、经常玩的玩具，他们往往会这样说："这个玩具是我的。"倘若这件玩具被别人抢先拿去了，他就会很生气地说："那个玩具是我的。"

然而，这种情况经常会遭到其他人的误解，其实这只不过是孩子的想象力在起作用罢了。为此，家长决不能轻易给孩子下"说谎""霸道"的标签，而是应该认真地跟孩子讲道理，帮他搞清楚事情的真相。

孩子的想象具有特殊的夸大性，往往会夸大事物的某些情节或是特征，比如他们会说"我爱你，特别特别爱，像森林那么多树爱你""我最高，像天空那样高"。当孩子开始使用这样的比喻句时，说明他们的语言和想象力都已经非常丰富了。

想象并不是为了达到某一个明确的目的，但孩子会因想象过程本身而感到满足，因此富有幻想的性质。比如在听了乘船探险的故事后，孩子会说明天他也要去乘船探险，这样的幻想会让他感到很满足。

对于4岁孩子来说，他们的有意想象也就是他们自己有意唤起的想象还非常少，而且这种想象与他们付出实现的意志关联性不大。比如孩子想象自己长大后会成为一名医生，但是他并没有要向这个目标而努力的意思，这只是他的一种空想。

尽管如此，作为家长，仍要懂得呵护孩子的想象力，尽早地为他们插上想象的翅膀，激活他们的想象力。那么，又该如何培养孩子的想象力呢？

（1）丰富孩子的生活经验

想象都是在已有的知识结构、已有的生活经验的基础上发展起来的。

生活经验越是丰富的孩子，想象力也就越丰富。因为丰富的生活经验，能给孩子提供无尽的可激发想象的表象，这是想象力的最初过程。比如当我们对孩子说"足球"时，孩子脑海中会出现"足球"的具体形状，这就是表象。

为此父母要尽可能带孩子多参加各种活动，多接触各种事物，这样才有机会丰富孩子的生活经验，为想象力的发展打下良好的基础。

（2）提供适合的环境，激发孩子想象的过程

4岁以后，孩子的再造想象开始发展起来，他们会逐渐创造符合其描绘的形象。比如孩子看见一幅乌龟和兔子赛跑的画，就会想象在大森林里有许多动物在看这场比赛，自己也置身其中。有些4岁孩子甚至已经开始自己编故事了。

随着孩子各方面能力的发展，他们还可以根据大人提出的游戏主题通过自己的想象加以充实。比如大人说"开火车"的游戏，孩子就会主动伸出双手，做开火车状，同时小嘴巴还发出火车开的"咔嚓""咔嚓"声，并且他的双脚也会沿着"轨道"一步一步地前进。

4岁孩子的游戏几乎是在想象中进行的，这也解释了为什么孩子之间能够玩得更好，而大人常常无法融入他们的游戏之中。可以说，孩子的所有游戏都是靠想象支撑的，而对于充满想象力的游戏，父母一定要及时给予恰当的鼓励。比如女孩喜欢角色扮演，男孩喜欢玩小汽车、拼图。此外，绘画、唱歌、朗诵、手工都是有助于培养想象力的活动。

（3）鼓励孩子表达自己的想象

孩子把自己的想象表达出来，就是在对生活经验进行梳理，所以，父母要鼓励孩子大胆想象，并鼓励他们把自己的想象明确地说出来。遇到离奇的情节，就多问问孩子到底是怎么想的，并适时地给予孩子赞赏。

尽管如此，要想想象力成为孩子真正的能力，而不是要小聪明、哗众取宠，大人也需要合理引导，把孩子的不良幻想转化为"正能量幻想"。比

如受动画片的影响，孩子经常会想象出一些打打杀杀的画面，父母不妨引导孩子想象一下未来世界里人的样子，交通会变成什么样子，环境会变成什么样子，这无疑是合理的想象。借由这些想象，孩子可能会进一步思考如何发明创造。

3. 培养孩子对时间、空间和数量的感知力

随着孩子的日益长大，他们的认知能力也在逐步发展，而 4 岁更是孩子认知能力发展的关键时期。在这一阶段，孩子对于时间、空间和数量的感知能力要远远强于 3 岁的时候。父母在引导孩子扩大这些方面的认知时，不妨参考以下内容，以持续促进孩子这些方面的发展。

锻炼孩子的时间感知能力

对于时间的认知，虽说在小学低年级阶段，孩子会有一个系统、全面的学习，比如认识小时、分钟、秒，年、月、日等，但是孩子时间观念的形成与建立其实早在 4 岁多就已经开始了，在这个年龄段他们已经开始分辨时间的长短，感受不同时令的变化。所以在 4 岁这个时候，对孩子进行时间感知方面的教育，会有助于孩子养成良好的时间观念，培养正确的作息习惯，同时还能促进语言的发展。

对于 4 岁孩子来说，当他们需要表达时间的时候，最熟悉不过的一个

词就是"天"。对于一天中要做的事情，以及每件事情前后的时间关系，大多数 4 岁孩子已经有了相当不错的理解。这一阶段，父母应当引导他们养成规律的作息，比如起床的时间、去幼儿园的时间、放学的时间、睡前洗漱的时间等。同时大人要协助孩子认识使用"天"的衍生词，比如，"昨天""今天""明天""前天""后天""过两天"等。这些词汇的使用，能够帮助孩子梳理过去、现在、未来等时态的变化。

在与时间有关的概括性的词汇中，4 岁孩子也有能力掌握比较复杂的词汇，如"5 分钟之后""到时间了""总是"等，尽管他们对明确的界限还不是很清晰，但是他们已经非常清楚 10 分钟比 5 分钟长一些。有时候，孩子还会用这些词汇跟家长谈判。

除了这些经常使用的时间词汇，对于季节和时令词汇，4 岁孩子也可以消化掌握，比如家长可以在不同时节告知孩子"春夏秋冬"的概念，并且让他感知四季的变化。在一些特殊的节假日，比如新年、元宵节、端午节、中秋节时，告诉孩子有关节日的故事、习俗。对于年和年龄，大部分孩子在 3 岁多就能准确说出自己的年龄，但是还不能做到生长叠加，但是 4 岁以后，不仅能够说出现在自己是几岁，而且还会思考明年是几岁。但是对于生日，4 岁孩子还不能准确说出究竟哪一天是自己的生日。但是家长可以简单地向孩子说明他是哪个季节过生日，这样，在等待生日的过程中，也能让孩子感知时间以及事物的变化。

对空间的感知能力大有进步

空间感知能力是人们对客观事物空间形式进行观察、分析、比较、推理的抽象思维能力。孩子空间观念的形成，建立在对周围环境直接感知的基础上。4 岁孩子已经具备一定的空间感知能力，这是他们未来认识现实世界空间形式的必备能力，也是形成并发展几何立体思维的源泉。

一般来说，4岁孩子的空间认知能力有以下几个特征：

（1）能够注意到物体较为明显的形状特征

4岁孩子会用"圆形""方形""长方形""三角形"等基本构图图形来描述物体。为此，家长可以引导孩子发现各个图形间的区别与联系。比如经常这样和孩子交流，"苹果是圆形的""桌子是长方形的""请给我拿一个正方形的积木"，等等。当孩子具有一定的分辨能力时，家长还可以引导孩子画出或是搭建出该物体的造型。

（2）能够感知基本空间位置

4岁孩子能通过"上下""前后""里外"等这些方位词感受物体的运动方向，家长可以引导孩子进行语言描述，按照正确的语言提示或是根据简单示意图正确取放物品。在方位词方面，进一步让孩子理解"左右"，分辨"左右"。

（3）对熟悉的环境的空间位置有了基本认识

许多4岁孩子能说出自己家在哪个小区、几号楼，以及哪个门牌号，还知道自己在哪个幼儿园上学。到了不同的地点，家长要引导孩子对地点产生好奇，多问"这是哪里""我们到哪儿了""还有多远"等。

在促进孩子空间感知能力的发展上，家长应该注意以下几点：让孩子多感受生活中各种物品的形状、特征，鼓励他们进行语言识别和描述。还要鼓励、支持孩子用剪刀、积木、纸盒等各种形状材料对图形进行组合与构建，比如和孩子一起用纸盒制作机器人，用废旧报纸剪裁卡通形象或是制作衣服。在收拾整理积木的时候，鼓励孩子按照形状分类，引导孩子体验图形之间的转换，比如两个三角形可以组成正方形，两个正方形可以组成长方形等。另外，还可以丰富孩子空间方位识别的经验。比如，家长请孩子取放物品时，可以让他们使用自己能够理解的方位词，如"在奶奶房间的书桌上""在储藏间最下面的货架子上""把箱子放在阳台的窗台上"这样的描述语言。还可以和孩子玩寻宝的游戏，大一点的孩子还可以给他画藏宝示意图。

对数量的感知逐渐加深

数以及数量都是比较抽象的概念，4 岁孩子在这一方面的认知水平还处于比较浅显的萌芽阶段。不过，对于大小、多少，他们已经有了一定的认识，但是对于差别不是很大的数量还是不能很好地区分。4 岁孩子会数数，有的孩子甚至能数到一百。但是不同的孩子差距也很大，有的孩子已经可以倒着数数，而有的孩子还做不到。

大多数 4 岁孩子对于物品都能准确地从 1 数到 10 或是更多，例如，吃饭时有几个家庭成员，桌子上摆了几副碗筷，沙发上有几个毛绒玩具，爬了几层楼梯等。但是当孩子数完后，你若问他一共有几个，他却说不出总数。表面上看，孩子是会数数了，但其实他是在背诵数字。有些时候，孩子可能不是从 1 开始数起，也没有指着具体物品数数，这种情况表明孩子还没有对数量有一个真正的理解。

所以，父母要学会调动孩子的各种感官，培养他们全方位感知数的能力。比如，孩子的玩具中至少应该有 10 个可以数的实物，平时多引导孩子数数自己的手指头。久而久之，4 岁孩子自然而然地就学会数数了。

一般来说，4 岁孩子还不会进行加减法，但是一些幼儿园会过早地引进数学课程，有些父母为了避免孩子一年级基础落后，在家庭教育中也会教授加减法。其实，这个阶段的孩子对于加减等这些抽象的概念还不能很好地理解，他们更需要的是将数学与生活实际联系起来的数量教育。比如妈妈有 3 块糖，爸爸有 2 块糖，加起来一共有几块糖？

另外，引导孩子发现数字的规律性会更有意思，比如重叠的两位数有 33、44 等，尾数相同的两位数有 18、28、38 等，数字连续的两位数有 12、23、34、45、56 等。

而且孩子们也非常喜欢数数的游戏，比如蹦床数数，纸牌数数等。这些生活化的数字活动不仅能增长孩子的知识，还能帮助他们学会思考和解决问题，让孩子在潜移默化中对数学产生兴趣，可谓事半功倍。

4. 阅读敏感期来临

最近，4岁的小雅每次从小姐姐家玩回来，都嚷嚷着要妈妈给她买故事书，还说小姐姐总是不和她玩，更喜欢一个人看书。这位小姐姐只比小雅大半岁，最近一段时间特别爱看书，只要有空就会把以前大人买的一些故事书，还有幼儿园发的绘本拿出来，摆在桌子上，然后一本一本地翻，遇到认识的字还会指着书上的字跟着读一下，而且一有时间就让爸爸妈妈给她讲故事，甚至连爷爷奶奶都加入了阅读的队伍。

看得出，这位小姐姐明显对阅读产生了浓厚的兴趣，而让孩子爱上阅读，确实是父母这一生最划算的教育投资。

解读孩子的阅读敏感期

阅读敏感期一般会在孩子4岁半到5岁半的时候开始出现，即第一敏感期，是建构阅读和学习的认知阶段。智力较好的孩子会有少许提前，只要智力正常一般不超过 6 岁。而第二阅读敏感期则发生在 14 岁左右，是孩子开始海量吸收知识的重要阶段。

儿童在阅读的时候，是左右两个大脑区域一起运行的，所以孩子在 4 岁这一阶段的记忆力会非常好，知识吸收得也很快，然而错过这个时期，孩子学习语言的能力便开始退化。就像成年人在阅读时往往只有一个大脑半球在工作，这也说明孩子阅读能力的培养一定是越早越好。

相对来说，第一个阅读敏感期更为重要，可以更好地激发孩子自主、主动地学习，不管是识字量、阅读理解能力，还是语言表达能力，这些对孩子未来的学习都会产生非常重要的影响。可以说，四五岁的阅读敏感期是儿童阅读的基础，而 14 岁的阅读敏感期则是阅读的拔高。如果孩子在基础阶段就建立了良好的阅读习惯，那么阅读方面的稳定性、效果和价值感都要优于 14 岁的阅读拔高。所以，当孩子出现阅读敏感期的表现时，父母一定要及时给予恰当、合理的引导。

孩子非常喜欢阅读：对色彩鲜艳的绘本很感兴趣

当孩子进入阅读敏感期，大多会有这样一些表现：

对色彩鲜艳的绘本特别感兴趣，不管是否能看得懂，总喜欢翻一翻，若是遇到看得懂的字或是图片会反复地翻看。

不管是翻书的频率还是看书的时间都会有所增加。有的孩子会出现一两个晚上一直看书的情况，有的孩子甚至会要求看到临睡前。

开始留意一些特别形式的书籍，比如超市小票、宣传单、商品标牌等。

经常吵着要家长给他讲故事，而且有时候还会把听过的故事讲给小伙伴听，有的甚至还能自己编故事。

喜欢指着书上的字阅读，就算看不懂，也会造一个看起来通顺的发音和句子，有的还会尝试拿着笔"抄书"。

当孩子出现这些阅读行为时，家长要多为他们创造良好的阅读环境，对孩子"痴迷"看书的行为给予赞同和支持，经常带孩子去书店或是图书馆，指导他选择自己感兴趣的图书。与此同时，孩子专心阅读时，不要随意打扰他，也不要询问孩子是否看得懂。如果孩子提出问题，就要认真、详细地解答，协助他们进行阅读。

孩子的阅读敏感期非常珍贵，但是只有坚持下来，才能养成一个良好的阅读习惯。尤其是四五岁的孩子，喜欢新奇，自制力还不够好，如果大人不能给予耐心的引导和帮助，很可能就会错过这个非常关键的时期。

因此，家长要好好把握这个时期，在孩子的阅读敏感期对其进行阅读兴趣的培养。请记住这句话，给孩子买成百上千本书，也不如抓住一个阅读敏感期。

陪孩子一起阅读

孩子阅读的兴趣并不是天生就有的，孩子阅读兴趣的发展、阅读习惯的养成与家长的引导和培养是分不开的。如果家长及时抓住阅读敏感期以及 4 岁孩子的年龄特点，采用多种有效的方式培养和保持孩子的兴趣，那么以后孩子在遇到比较困难的阅读任务时，自然能轻松面对。为了更好地培养让孩子受益终身的阅读习惯，这里分享几点经验：

（1）营造良好的阅读氛围

阅读习惯的养成，需要一个良好的阅读氛围。由于大多数 4 岁孩子还不能完成独立阅读，所以更加需要家长对孩子进行引导和帮助，比如养成睡前亲子阅读的习惯；长时间外出的话，随身携带一两本书；经常领着孩子去图书馆或书店，让他们浸润在阅读的浓浓氛围中；在特殊的日子里，把书当作礼物送给孩子；和孩子坐下来，共读一本书；把书放在孩子触手可及的地方；根据孩子的年龄、阅读水平以及兴趣爱好，选择适合孩子的图书；亲子阅读时，根据书中的不同角色进行表情和声调的转换。

（2）多让孩子复述故事

处在阅读敏感期的孩子一开始往往喜欢听书、听故事，而且妈妈读书也可以让这件事情变得更加轻松，但是如果一直这样，孩子也很难养成独立阅读的习惯。

让孩子听书和让孩子自己看书一定要同时进行。当孩子看完一本书后，父母应该有意识地引导孩子复述故事，抓住关键情节和重点内容。而且幼儿图书往往具有一定的教育目的，一些习惯的养成和品德的形成，都是通过幻想的妙趣横生的故事展现的。同时，结合生活实际对这些内容进行消化也非常重要。

值得注意的是，也不能完全用教育意义来衡量一本书的价值。给孩子看的书籍一定要丰富多样，既要有严肃认真的，也要有活泼幽默的，这样才不会泯灭孩子的阅读兴趣。

（3）阅读不要急功近利，要学会静待花开

丁丁4岁多的时候，出现阅读敏感期，可是爸爸的一些不当做法却极大地干扰了孩子的阅读兴趣。爸爸本身非常推崇古典文学，于是就买了一本厚厚的三字经，想要培养儿子这方面的阅读兴趣，为此还特意挑选了一个彩图版。丁丁在开始的几天还比较感兴趣，但是爸爸一直要求背诵，丁丁就有些厌烦了，甚至还将这本书藏了起来。

很多像丁丁爸爸这样的家长没有充分把握这个年龄段孩子的特点，就急于求成，要么把读书看成是读字学字，要么看成是背诵，强迫孩子读书，结果只会适得其反，让孩子对阅读产生了逆反心理。阅读并不会在短时期内就能看到明显或直接的效果，家长千万不要急功近利，书只有读得多，知识和知识之间才能形成连接，进而发挥更大的作用，并产生正向的反馈。所以，在阅读这件事上，只要持之以恒，总有一天会开出美丽的花朵。

推荐书目：适合给 4 岁孩子看的书

孩子在不同的年龄阶段，爱看的图书是不一样的，对于 4 岁左右的孩子，有情节、有细节的故事书往往最能吸引他们的注意力。而且最好以大量图片为主，这样不仅能够促进孩子的想象力，更有助于孩子爱上阅读。

一般来说，适合 4 岁孩子阅读的书籍有：

《鼹鼠姐妹奇遇记》

《不一样的卡梅拉》系列

《青蛙弗洛格的成长故事》系列

《阿罗》系列

《兔子小白》系列

《斯凯瑞金色童书》

《法布尔昆虫记》

《中国儿童科学探索百科全书》

《逃家小兔》

《月亮生日快乐》

《猜猜我有多爱你》

《小狗钱钱》

《你看起来好像很好吃》

《我是霸王龙》

《是谁嗯嗯在我的头上》

《小猫玫瑰》

《风到哪里去了》

《月亮的味道》

《爷爷一定有办法》

《令孩子惊奇的 72 个科学异想》

《它们是怎么来的》

《活了 100 万次的猫》

《聪明豆》

《我绝对绝对不吃番茄》

《小猪稀里呼噜》

《神奇校车》

《小熊和最好的爸爸》

《梦幻来信》

《花格子大象艾玛》

第七章

孩子4岁时，
父母必须注意的教养习惯

4岁的孩子大部分已经具备了独立吃饭、穿衣、睡觉以及大小便等基本的生活能力，有时候大人只需要进行小小的协助，他们就可以表现得很完美。当然，4岁孩子也时常会耍些"小性子"，他们可能昨天还非常乐于自己洗澡穿衣服，今天就怎么也不肯进浴室，这是正常现象。要知道，规律的日常作息是孩子快乐生活的保障，那么，你该如何培养4岁孩子良好的日常习惯呢？

1. 睡眠问题

睡眠对孩子来说非常重要。身体在睡眠过程中储存能量，有助于消除疲劳，恢复体力，巩固记忆，增强机体免疫功能。对于婴幼儿来说，睡眠更是对其生长发育有着特殊的意义。睡眠不足将直接影响婴幼儿体格和智力的发育，甚至会导致出现行为异常。

越小的婴儿需要的睡眠时间越长。随着年龄的增长，孩子每日的睡眠时间会有所减少。一般来说，4 岁左右的孩子一天的睡眠总量在 12 个小时左右，这包括晚上睡眠时间和午睡等零散睡眠。

当孩子到了 4 岁多，便会有很多父母因为孩子的睡眠问题而焦虑。他们发现孩子在这个时期好像不爱睡觉了，睡前的好习惯也不能坚持，而且大多数父母都会不约而同关注这样一个问题：这个年龄的孩子是不是该考虑跟大人分开，独立睡觉呢？

在午间入睡困难的孩子

在幼儿园的孩子午睡时间比较规律，基本上能保证 2 个小时左右。当然，这也离不开老师的引导和帮助。可是有的孩子却不能乖乖地接受午睡。他们入睡常常很困难，尤其是男孩发生入睡困难情况的概率要更大一些。往往大部分小朋友都睡着了，他们还在不停翻滚、踢被子、玩手指头、挠头发……

这样一来，这些在午间难以午睡的孩子就比其他孩子少了一些睡眠时间，这应该引起家长的重视。如果幼儿园老师们已经尽了最大努力，孩子还是很难入睡的话，那么只要孩子白天精神状态可以，就可以将功夫花费在晚上，由家长进行引导、干预，用晚上的睡眠时间弥补过来。

什么是良好的睡眠习惯

在 4 岁这个阶段，孩子良好的睡眠习惯包括以下几种：

（1）经过训练，能够独自入睡

很多 4 岁孩子在晚上睡觉的时候还需要妈妈拍着、哄着，这样很容易让孩子产生依赖感。如果有特殊情况发生，比如妈妈很忙很累或是不在家，孩子很可能就会无法入睡。

随着孩子年龄的增长，分床睡也要提上日程。在进行这方面的训练之前，家长要和孩子做好约定，比如：

在规定时间内洗漱完毕，可以安排孩子先做一些准备工作，如整理床铺、关灯。

大人和孩子都要盖好自己的被子，数到十以后，就要自己睡自己的。

先睡着的，第二天会有小奖励；连续三天都先睡着，会有一个大奖励。

……

培养孩子独自入睡的习惯是个长期的过程，需要父母的坚持，也需要父母的鼓励。

很多孩子到了 4 岁，半夜醒来还会哭闹几声才能继续睡。这很可能是婴儿时期留下的惯性行为，要继续吃奶才能入睡。为此平时就要跟孩子做好心理建设，让他明白，晚饭吃得足够饱，是可以支撑一夜的。此外，孩子起夜时可以准备小夜灯，避免强光刺眼，影响睡眠情绪。

（2）让孩子正确认识"做梦"这件事

有一部分孩子已经能够充分感受梦境，做梦了也会起夜，然后会出现入睡困难的现象。在此阶段，父母可以给孩子解释"梦"这一自然现象。

儿童的梦多以魔幻和类似于神话的情节为主，父母可以跟孩子解释，做梦是一件非常正常的事情，梦也会有好有坏，而且做梦的孩子很可爱。父母对孩子的梦要表现出很重视很感兴趣的样子，鼓励孩子分享自己的梦，并适当协助孩子分析这些梦。与此同时，如果孩子在梦中醒来，父母还可以告诉孩子：如果是美好的梦，我们要赶紧再次入睡它才会成为现实；那么不好的梦，更要赶紧再次入睡才能转变成好梦。

（3）建立良好的睡眠规律

很多被爷爷奶奶照顾的孩子，白天容易入睡，但是晚上经常睡得很晚。这种颠倒式作息对孩子良好睡眠习惯的养成，以及身心的健康发育都非常不好。家长一定要注意调整，帮助孩子建立良好的睡眠规律。

因此，在白天，我们可以为孩子多安排消耗体力的运动类活动，而到了晚上则让孩子进行安静的活动，如听故事、舒缓的音乐、画画。

（4）保证夜间连续不间断的睡眠

在夜间能够连续入睡不醒来才是比较好的睡眠，为了让孩子能够如此，家长平时就要多关注孩子，给他足够的安全感和爱，多带孩子参加运动和娱乐活动，感受快乐、感受大自然，这样能减少噩梦的打扰；晚餐汤水不要喝得过多，临睡前上好卫生间；睡前营造安静、舒适、遮光的睡眠环境，选用适宜的枕头和被子；睡前送给孩子一个晚安吻，让他在美好的感受中安然入睡。

2. 饮食问题

孩子一两岁的时候，大人常常是一边给宝宝喂饭，一边感叹：孩子什么时候才能长大，什么时候才能不用自己这么事无巨细，什么时候才能独自吃完一餐饭？不要担心，这个时期很快就会来到。

当孩子 4 岁的时候，他们就会脱离父母的"掌控"，基本上可以进行自主就餐了。可是对父母来说，这究竟是好事，还是更大的挑战呢？

基本可以独立进食，但有偏食现象

一般来说，绝大多数孩子进入 4 岁以后都能够独立吃饭。独立吃饭不仅可以让他们更专注于"吃"，而且在吃的同时，也能锻炼手指灵活性。有些 4 岁孩子已经开始学习用筷子吃饭，并且能比较熟练地"掌握"筷子。值得注意的是，这个年龄段的孩子对食物已经有了明显的偏好，对于爱吃的食物和不爱吃的食物有着明确的自主选择权。

"琳琳，不能再吃糖醋里脊了，你已经吃了多半盘了，太甜了。你需要多吃些蔬菜，比如这个菜花，妈妈做得也非常好吃。"

到了 4 岁，很多家长都像琳琳妈妈这样，会因为孩子总是盯着自己爱吃的菜而感到焦虑："这比以前更难办，以前是我们喂他，所以大人可以决定给孩子吃什么。现在孩子不用喂了，可是总爱吃那些甜的、热量高的、含各种添加剂的食物。"

挑食和偏食是不良的饮食习惯，多发生在幼儿时期。主要表现在，只吃几种食物，或是只吃青菜不吃肉，或是只吃肉类不吃青菜。由于人的生命活动、生长发育需要依靠各种营养物质的摄入，如果孩子进食的品类过于单一或是过少，很可能就会导致营养不良，而肉类进食过多则会导致过胖。偏食和挑食不仅影响身体正常的发育和成长，也会影响大脑和智力的发育。

孩子在四五岁时，如果出现挑食和偏食的情况，父母一定要尽早解决，以免味觉习惯固定下来，就更难纠正了。

要纠正孩子这种不良习惯，家长必须要有耐心，需要长期、持久的努力。白天多带孩子运动，消耗大量体力使其产生饥饿感，这样孩子对食物就会没那么挑剔，还可以让孩子参与到饭菜的准备过程中来，让孩子对食物产生一定的认识和感情。此外，通过妈妈们的巧手也可以改变食物的外观和形态，减少孩子对不喜欢的食物的厌烦感。

进餐规矩缺失，吃饭需要多次提醒

很多 4 岁孩子都有一边说话一边吃饭的习惯，时间久了，这种不良的饮食习惯很容易影响他们的身体健康。

尽管传统的礼仪是食不言、寝不语，但是现代家庭多崇尚轻松而愉快的进餐环境，乐于接受在吃饭过程中说一些轻松的话题。这就需要我们在餐桌上提醒孩子注意把握好分寸，孩子不吵不闹，优雅进餐也是可以做到的。

如果孩子特别喜欢在饭桌上一边咀嚼食物，一边滔滔不绝地聊幼儿园里发生的事，以至于影响到其他人进餐时，父母就一定要及时地给予提示、引导，在饭前就应该提醒孩子就餐的规矩。很多父母遇到几次孩子不遵守进餐纪律，就决定让孩子单独到自己的小餐桌上就餐，这样的做法并不可取。

还有的孩子平时喜欢边玩边吃或是边看电视边吃饭，这样的习惯应该要让孩子彻底改正，以下这些规矩一定要和孩子讲清楚：

饭前 10 分钟收拾好玩具，提前关好电视机，否则不能上桌；

规定吃饭时间，时间一过收拾饭菜，绝不等待或为孩子单独准备饭食；

吃饭时间错过了，在下顿饭之前将不会有任何食物吃；

不要给孩子储存太多零食。

如何吃得健康又有营养

很多家长为了让孩子在餐桌上多吃一口想尽了办法。其实每个孩子的体质不一样，饭量肯定会有所不同，而且父母完全不必担心孩子会有饿肚子的情况，如果有牛奶、豆浆、水果这些加餐，那么主食正餐的量减少一些也是可以的。对于孩子的饮食问题，重点应该放在是否健康、营养是否均衡上。

为此，在饮食方面，妈妈需要花费更多的时间和精力为孩子准备美味而健康的食物。

在 4 岁左右这个年龄段，孩子每天需要的热能大约为 1400 卡路里，蛋白质摄入量约为 50 克。一般来说，孩子一日的饮食结构大概是这样的：250 毫升左右的牛奶，1 个鸡蛋，70 克肉类，200 克主食，200 ~ 250 克蔬菜，1 个水果，再适量加些豆制品。

孩子的三餐还需要注意粗细搭配，粗粮还含有比细粮更丰富的营养物质，使几种必需的氨基酸同时消化吸收进入血液内，利于组成机体蛋白质，对身体健康十分有益。

值得注意的是，由于下午放学时间早，孩子回到家后，大部分都会在晚餐前提前进食。为此，家里的晚餐一定要清淡而有营养，以免造成孩子积食。

3. 排泄：自理能力增强，在意自己的隐私

经过三年多的训练，大多数孩子到了 4 岁这个年龄段，已经具备了独立如厕能力，就算白天玩得再疯，也很少会尿湿裤子。而且他们也能明白需要上厕所时的身体信号，并用语言把自己的想法表达出来，在得到父母的指示后会自行解决，但大多数 4 岁孩子还做不到自己独立擦屁股。

当然，意外情况也时常会有，比如尿裤子。很多妈妈都有接到幼儿园老师要求拿裤子的电话。4 岁孩子之所以出现尿裤子的情况，通常是因为孩子不愿中断正在进行的活动而导致的。洋洋就是这样。

洋洋 2 岁左右时，奶奶为了晚上方便照顾他，就给他买了个小尿盆，到了晚上就拿到卧室。在洋洋小的时候，用尿盆的确很方便，于是就这样一直用到了 4 岁多。有时候，洋洋在看电视或是玩玩具的时候，不想去卫生间，就让奶奶把尿盆拿过来。奶奶怕孙子尿裤子，就赶紧去给孙子拿尿盆。时间久了，洋洋总是不到最后关头不喊奶奶。结果，上幼儿园后没有家里的这种照顾，洋洋就发生了很多次尿裤子的意外情况。

的确，生活中类似这样的情况还有很多，为此，父母首先要让孩子知道，这是很正常的现象，任何人在其成长过程中都可能会出现这种事。另外，父母平时要多留意孩子的如厕信号，找到规律后，每天适时地提醒并监督孩子上厕所。建议采取温和的、孩子也更容易接受的方法，毕竟排泄问题是基本生理需要，如果被压抑、不注意方法都很可能给孩子造成心理阴影。

为了帮助孩子更好地进行如厕训练，父母还可以在成人用的马桶上安装一个儿童专用马桶圈，并在马桶前加一个垫脚凳。这样一来，当孩子看到这个新鲜装置时，就更愿意像大人那样主动如厕了。

很多 4 岁孩子已经开始在意自己的隐私了，他们不愿意在幼儿园大便而要在家里，可能就是这个原因。对此，你可以告诉孩子："没关系，你喜欢在家拉臭臭是没有问题的，不过如果实在憋不住，一定要马上解决，不能忍着。"

大部分孩子晚上入睡后只需要一次小便就可以了。在凌晨两三点的时候，如果孩子睡得不安稳，动来动去，就可以询问一下孩子是否需要上卫生间，如果需要，他就会回应，如果不需要就不要理会。有的父母因为担心孩子尿床，经常在半夜叫醒孩子上洗手间，更多时候这会令孩子反感和生气。如果孩子一整夜未小便，第二天早上一醒来父母就要督促孩子去卫生间。

如果孩子在入睡后仍然有尿裤子和尿床的情况，这也是十分正常的事情。一般来说，孩子在睡前喝了太多水或是睡前太累、太兴奋都有可能出现尿床现象，家长大可不必多虑。如果尿床实在太过频繁，就应该上医院进行专业诊断。

一般来说，4 岁孩子的大便次数与孩子的饮食、运动和排便习惯有关。通常，大多数 4 岁孩子一天会有一次便便。在孩子感冒生病期间，大便次数可能更多或是更少一些，或者不那么规律，这也是正常现象。

对大小便非常好奇

即使女孩子，也会好奇自己小便能够尿多远。大部分小男孩都期望做这样的测试，而且只要是有条件，比如在野外，他们就会想和小伙伴们进行"看谁尿得远"比赛。

很多 4 岁孩子大便之后，常常会仔细"端详"一遍，如果大便形状怪异，则会哈哈大笑，甚至还会"邀请"家里人观赏半天。

成年人对这些搞怪行为常常会有两种不同的反应。有的长辈们乐见这种搞怪，但有的父母可能会严厉制止。如果你的孩子也有类似的情况，请家长们一定要镇定自若，对孩子的幽默和善于发现的特质表示赞赏，比如"你真的是太厉害了，你的便便证明了你非常健康"，然后镇定地冲水，带孩子离开。不久之后，孩子对大小便的好奇心理便会逐渐减少。

4. 穿衣和洗澡：基本能自主完成

我们知道，教孩子自己吃饭、洗澡、穿衣，是个既单调又繁琐的过程，这需要父母有足够的耐心。因为相对于大人代替孩子完成这些事，孩子独立完成显然更加费时费力。但前者是"保姆"的工作，后者则是一个"教育者"的工作。父母应该成为孩子成长路上的导师，帮助孩子自立，而不是成为孩子的"保姆"。

穿衣：培养孩子自己穿脱衣服的习惯

自己穿脱衣服是孩子成长过程中的一件大事，是培养孩子自理能力的开端。那么，怎么教 4 岁孩子穿脱衣服呢？

下面的情景很多家长都并不陌生：

幼儿园吃早饭的时间快到了，可翰翰还在家里磨蹭。妈妈催促着翰翰赶紧行动，可是他的衣服还没有穿好呢。房间里的翰翰好像一点也不着急，还在摆弄昨天晚上画的画。

妈妈先把自己的衣服鞋子穿好，背上背包，又一把把翰翰拉过来，给他套上上衣。该穿外套了，翰翰习惯性地伸出两只胳膊，妈妈把衣服一拉，外套就这么穿好了。

在家有妈妈帮忙，到了幼儿园会出现什么状况呢？

课间操时间，小朋友都要穿上外套去外面玩耍。老师让大家自己拿着自己的衣服。小朋友们马上行动起来，很快就找到了属于自己的外套。

然后两排小朋友相对而站，互相帮忙，系扣子，拉拉链，很快大部分孩子都将衣服穿得整整齐齐。而最后每个班大约会剩下两到三个孩子会跟不上节奏，他们拿着自己的衣服，一脸惊愕地站在一旁。无疑这两三个孩子是需要老师帮忙穿衣服的。

相信每位家长都不希望自己的孩子是最后剩下的那两三个。教孩子自己穿衣服是一件十分必要且有意义的事情，特别是等到孩子上幼儿园了，独自穿衣更是一个不可或缺的本领。

4 岁孩子只有具备了基本的自理能力，在幼儿园里才能更自信、更有安全感，也才能快速适应园内生活。幼儿园里的孩子比较多，老师们有时不能兼顾到所有孩子，这时就要求孩子学会自己照顾自己。当幼儿园里的其他孩子都会独立穿脱衣服，而你的孩子还需要老师的帮助时，你能体会到孩子那时的自卑感和挫败感吗？

所以，即使很麻烦很费时间，也请家长让孩子自己尝试穿脱衣服，在指导和训练孩子穿脱衣服时，父母首先要保证足够的耐心和细心，做好打持久战的准备。

其次要给孩子仔细讲解每一个动作。可以先学习脱衣服，如脱套头衫，要先抬起一只胳膊，使孩子用另外一只手拉住这个胳膊的袖口，两只胳膊同时用力，一只用力向下挣脱，一只用力向上拽，这样一只袖子就脱了出来；然后再脱另外一只袖子，一只手拉住另一只袖子往下拉，另一只手往上抽，最后再从头部脱出。

对孩子来说比较困难的事情就是系扣子和拉拉链了。这需要孩子手部精细动作发展成熟后才可以操作自如，家长不可过于心急。

对于孩子来说，穿裤子可能会简单一些。学习穿裤子，要从认识裤子的前后里外开始。裤腰上有标签的在后面，有漂亮图案的在前面。教孩子把裤子正面朝上放在床上，然后把一条腿伸进裤管中，把小脚丫露出来，然后再把另外一条腿伸到裤管里，这样一双脚都露出来了，最后站起来，把裤子拉上即可。

刚开始练习时孩子难免会犯一些小错误，如把裤子的前后里外弄反了，或是将两条腿同时伸到一个裤管里等等。此时，家长不要急着纠正，可以询问孩子是否感觉到不舒服，或是把孩子带到镜子前请他"欣赏"自己的样子，通过这样的方式，让孩子找到出现错误的原因，然后让他重新穿一遍。当孩子发现其中的错误时，大人要及时赞扬他聪明、能干，让他体会到自己动手的乐趣。有的孩子对自己穿衣兴致不高，家长可借助比赛的方式，和孩子比一比谁穿得又快又好，利用孩子的好胜心促进其学习。

洗澡：用智慧完胜不爱洗澡的孩子

关于让孩子主动洗澡这件事，有一位妈妈在博客里分享了自己的经验：

> 女儿小的时候，我淘到一套洗澡的玩具。可爱的动物造型连我都爱不释手，她更加喜爱得不得了。每次洗澡都会用期待的眼神暗示我：妈妈我的可爱动物还没洗澡呢！

随着女儿渐渐长大，她对一些色彩鲜明的书产生兴趣。利用女儿的这个特点，给她淘到几本洗澡书。一边看书一边洗澡她还真是其乐无穷，享受得不得了。

有时候，她会因为手头的事情而懒得去洗，这让我非常头疼，不过一次偶然的机会我从书中学到了一招就是：这时候千万不能强迫孩子，而是采用选择疑问句来引导：宝贝，你是要淋浴还是用澡盆呢？她听了注意力马上转移了，会很自然地回答我的问题，然后我会说，那我们走吧。这时她一般都会很高兴地去洗澡了。

洗完澡后，当然不能忘记夸夸她"洗了澡后好香好干净"。

5. 牙齿护理

4 岁左右，孩子的乳牙基本上生长完毕。很多家长认为乳牙会更换，所以对这时候的牙齿护理并没有完全重视。乳牙虽然会更换，但是存在于孩子口腔中的时间比较长，有的长得特别慢的乳牙甚至要到 12 岁青春期左右才会更换。乳牙更换前是孩子生长发育最重要的时期，所以乳牙的护理对于孩子的健康非常重要。

孩子的牙刷要选用刷头小，刷毛细，牙刷柄长短以及刷头长度适中的儿童保健牙刷。刷头大小相当于孩子的四颗门牙的宽度为宜，刷毛要经过磨圆，不刺激孩子的齿龈。4 岁孩子应在大人的指导下开始自己刷牙，但仍需大人的帮助才能将牙齿刷干净。父母应在为孩子刷牙的同时，培养孩子的刷牙兴趣。

训练孩子刷牙，妈妈一开始就应该注意让孩子掌握正确的刷牙方法，避免过多的拉锯式的横刷法。错误的刷牙方法不但不能把牙齿刷干净，还容易造成牙齿脆弱，以后孩子使用稍硬的牙刷刷牙，牙龈就会疼痛。

正确的刷牙顺序是：顺牙缝由上而下、由下而上地竖刷。上下、内外都是顺着牙根向牙尖刷，牙合面可以横刷。每次刷牙至少需要 3 分钟，每个面要刷 15 至 20 次，才能达到清洁牙齿的目的。

此外，培养 4 岁孩子良好的刷牙习惯也非常重要。

（1）每天都坚持

当孩子开始刷牙后，父母要和孩子约定好每天的刷牙时间，并督促孩子坚持下去。建议早晚各一次。

（2）刷牙要循序渐进

训练 4 岁孩子独立刷牙，父母要有足够的耐心。刚开始时，可以让孩子对刷牙感兴趣，自己拿杯子和挤牙膏。经过几周的练习后，让孩子逐渐掌握动作要领。一开始可以用清水练习，慢慢地再挤上牙膏，用牙刷从外到里，有顺序地刷。最后要教孩子用清水将牙刷清洗干净。刚开始时，可以让孩子对刷牙感兴趣，自己拿杯子和挤牙膏。经过几周的练习后，让孩子逐渐掌握动作要领。一开始可以用清水练习，慢慢地再挤上牙膏，用牙刷从外到里，有顺序地刷。最后要教孩子用清水将牙刷清洗干净。

（3）不断对孩子进行鼓励

好习惯的培养都不是一朝一夕可以完成的，都要慢慢培养，正面引导。这个阶段正是让孩子学习一些基本生活技能的好时机，全家人一起营造保护牙齿、热爱清洁的好氛围，孩子才会变得越来越"能干"。

6. 分担家务

孩子 4 岁后，随着手部控制能力的增强，很多事情是可以自己做的，更主要的是，这个阶段的孩子好奇心旺盛，什么都想尝试。大人也要好好利用孩子的这个身心特点，多让他们尝试做家务。因为，让孩子从小练习做家务，不仅能为父母分忧，对他未来的发展也有相当大的帮助。

（1）帮助 4 岁孩子练习动作技能

不同的家务可以运动到孩子身体的不同的部位，比如，叠衣服可以练习到小肌肉，擦地板则可锻炼到大肌肉。

（2）培养孩子做事的条理性

整理物品、洗菜做饭、打扫房间……家务劳动就是培养孩子条理性最好的方式。不管是男孩还是女孩，在家务中累积起来的方法、技巧都会成为让他受益一生的好习惯，会让他做事更有条理性，从而成长为一个高效能的人。

（3）增加孩子的自信心

在做家务的过程中，比如整理好了被子、扫干净了客厅，看到这些成果孩子还能从中获得自信心和成就感。虽然 4 岁孩子年龄还小，不能做得很完美，但在练习的过程中，孩子会发现自己有能力完成很多事，从而获得自信。

（4）做家务还能增长孩子的生活智慧

美国组织行为学教授大卫·库伯经过多年的研究总结出这样的观点：有效的学习应从体验开始，进而发表看法、进行反思、形成理论，最后将理论应用于实践。做家务对孩子来说就正是一个很好的体验，在这其中孩子经历动手、总结再应用的学习模式，更容易发散思维、体验到来自生活中的智慧。

（5）让孩子练习分类与收纳

家务中除了常见的打扫、清洁外，还包含了许多收纳整理的部分，这样的家务能提高孩子分类与配对等收纳能力。例如袜子要一对一对地折在一起，还要将衣、袜、裙、裤等衣服分类好，放进不同的抽屉里。

此处，还有几点家长必须要注意：

（6）不要用奖励的方式鼓励孩子做家务

有些父母为了鼓励孩子做家务，会用奖励的方式来提升孩子的兴趣，如奖励玩具、零食、零花钱等，这样会让孩子认为做家务是"有偿劳动"，影响孩子的价值观。

（7）不恰当的口头禅

不少家长在让孩子做家务时，常常会出现一些不恰当的口头禅：

"帮妈妈打扫一下客厅。"

"如果你有空……就……"

"宝贝长大了，都会帮妈妈干活了。"

这些口头禅给孩子造成了一种误解——做家务是大人的事情，自己只是帮忙而已，这不利于培养孩子的责任感。

要求孩子做家务的正确表达应该是这样的：

"今天我们大扫除，来，分配一下任务！"

"周末到了，你应该打扫自己的房间了哦。"

从而让孩子知道，做家务应该是一件主动、自发的好事，目的是为了让我们共同的家变得舒适。

作为父母，我们要有勇气和孩子一起承担他们拙劣的动手能力带来的后果。因为他们是在学习，我们要给他们学习的机会。因此，我们作为父母要有足够的耐心和细心，要允许孩子犯错，不要害怕孩子做错事情，要知道，这是在给他们学习的机会，是在让他们积累成长的经验。

第八章

4岁孩子，

爸爸妈妈最关心的问题

在孩子成长过程中的每一个阶段，都有一定的规律可循，一些成长的难题也具有普遍性。这些问题常常令你疑惑不解，不知该从何处下手。其实，一些具体可行的小办法会帮你随时应付各种情况，做到游刃有余。

1. 孩子不爱讲幼儿园的事，怎么办

丁丁妈妈和然然妈妈在一起聊天，丁丁妈妈真是又羡慕又嫉妒。这是为什么呢？

原来，然然每天从幼儿园回来都会和妈妈讲很多幼儿园发生的事，比如今天中午吃的是小瓜鸡蛋和松仁玉米，炸鱼排很好吃；儿歌学了《袋鼠妈妈怎么爱》；数学学了数字"6"；老师批评了轩轩和浩浩，因为他们玩滑梯不按照顺序等等。显然，然然的记忆力很不错，而且语言表达能力也很好。

可是，同然然一般大的丁丁却是另外一个样子。每当大人问起幼儿园的事情，他似乎什么也没有记住。吃的什么，玩的什么，上课做了什么，即便是入园半年多了，丁丁也很难说出班上小朋友的名字。

看到丁丁这个样子，丁丁妈妈又焦急又无奈，尤其是听到然然妈妈说起然然的情况，一对比，丁丁妈妈就更着急了。

这种情况其实很普遍，很多家长都有过这样的体会，孩子上幼儿园什么也学不会，一问三不知，甚至有些怀疑自己的孩子是不是智商有问题，是不是比别人慢半拍。

如果家长对此表现得过于焦虑，可能会产生不必要的负面影响。比如，家长想要了解孩子在幼儿园表现的实际动机其实是他有些怀疑孩子在幼儿园的适应能力不够强，多多少少带有一些担忧。带着这种动机，妈妈的问话通常是这样的：

"今天你在幼儿园适应吗？""老师有没有表扬你，有没有批评你？""小朋友和你一起玩吗？""老师上课你能听懂吗？"

从幼儿园接回孩子的那一刻起，妈妈就开始不断地询问。试想，孩子们在幼儿园待了一天了，好不容易看到妈妈，这时候最想投入妈妈的怀中，享受和家人在一起的幸福时光，而妈妈却急切地问了一堆幼儿园的问题，孩子不想回答也是很正常的。

而且妈妈的那些问题，很容易让孩子脑海中浮现不好的情景：他没有玩到心仪的玩具，因为玩具太少孩子太多；他没有玩到滑梯，因为需要排队；他忘记了上课讲的内容，因为他很想很想妈妈，中午睡午觉的时候还哭了……妈妈越是引导孩子回忆这些，孩子就越是觉得委屈、难过、不想说话。

那么，怎么才能让孩子开开心心地讲解幼儿园的事情呢？

首先要相信孩子的幼儿园老师。可以积极与老师进行沟通交流，通过老师来获知孩子在园内的表现，父母对孩子在幼儿园的一日生活尽量不要过度担心和紧张。父母不停地问孩子只能给他很糟糕的消极暗示。

其次，把家庭成员召集起来，一起陪孩子玩"幼儿园"的游戏。让孩子扮演老师，其他人坐成一排，模仿老师上课的情景。孩子虽然不会讲课，但是他会模仿老师。白天，老师怎么教自己，他就会照着表演，有时候连老师的小动作都会模仿得有模有样。让孩子在全家人的陪伴下，快乐地表演幼儿园发生的事情，绝对好过家长一句又一句的追问。

最后，对于不善表达的孩子，提问技巧非常重要，多给他们一些参考内容和线索让他们去回忆和表达，而不是"今天过得怎么样""今天学到了什么""今天吃了什么"这样笼统而又模糊的问题，孩子也可能不知道怎么回答。如果想和孩子聊聊幼儿园的情况，一定要尽量聊些积极的话题。比如："小朋友们是不是很可爱？""老师也很喜欢你。""老师说你今天在做早操的时候特别积极。""你都会背诵这首儿歌啦！""今天的午饭是不是有你最爱吃的鸡肉，那还有什么呢？"引导孩子回忆快乐的事情，而不是有意无意让他感受压抑和委屈的事情。

2. 因为脾气大在幼儿园没有朋友，怎么办

姗姗妈妈晚上接到老师的电话，姗姗又和班上的一位小朋友吵架了。姗姗妈妈内心烦躁，厉声责问姗姗："你能不能像别的女孩子一样，乖巧一点懂事一点，他们都是你的同学，你总冲着别人发脾气，以后还会有谁跟你玩？"

奶奶看见哭泣的姗姗，马上搂过来："你别说了，不跟我们玩，我们姗姗还不爱跟他们玩呢。姗姗，别哭啦，爷爷奶奶陪你玩。"

"妈，你又这样。"听奶奶说这样的话，姗姗妈妈想起幼儿园老师隐晦地说的那些话，心里特别不是滋味——

"姗姗妈妈，我知道你是一位优秀的职业女性，平时也肯定特别忙，所以姗姗一直是爷爷奶奶接送。而爷爷奶奶尽管很爱姗姗，但是在家庭教育方面，父母给予孩子高质量的陪伴，给足孩子心灵上的营养才是最重要的。姗姗最近的脾气越来越暴躁，很

多小朋友也对姗姗的行为有些意见呢！"

"姗姗总是喜欢指挥别人，而且什么都要争第一。我发现奶奶的脾气似乎也不是温和型的，每天和爷爷的对话都是大嚷大叫，还经常责怪爷爷。很多老师和小朋友都见识过姗姗奶奶的大嗓门，相信这种情况你肯定感触更深一些。"

"昨天课上，大家表演儿歌，童童先说她要演小猴子，后来姗姗也说要演小猴子，班上的小朋友向着童童多一些，姗姗就急了，双手叉腰，仰着头说'我就得演小猴子，我爸爸是警察，让我爸把你们都抓起来'，那架势，很有奶奶的范儿。"

老师的意思已经很明显了，姗姗现在越来越任性、自私和乱发脾气，而这与自己角色的缺失有很大关系。妈妈原来一直以顺其自然的心态面对这件事，认为等姗姗大一点自然会明白，也认为等过一段时间自己就能有时间陪伴、教育姗姗了。

其实，在家庭教育中妈妈是最重要的角色，即便爷爷奶奶给孩子再多的呵护，也是无法弥补孩子内心的缺失感的。只有爸爸妈妈经常陪伴身边，孩子才会有足够的安全感，容易敞开心扉友好地接纳别人，用温和的方式处理问题。家庭教育中，是否有大人的陪伴，对孩子的心灵完全是两种不同的影响。

一个人即便在事业上取得了再大的成功，也弥补不了教育子女失败的缺憾。所以，当你用"工作狂""赚钱养家"的借口"名正言顺"地把孩子推给老人时，一定要知道，相对于好的物质生活，父母的陪伴对于孩子来说才是最重要的。为此，请你放慢前进的脚步，多些时间陪伴孩子。

第一，再忙也要抽出时间陪孩子，让孩子充分感受爸爸妈妈的爱，如果实在忙，哪怕每天全身心陪伴孩子半小时，也是大有作用的。

第二，有目的地陪孩子玩游戏，比如"过家家"游戏，"购物"游戏，

"找朋友"游戏等。通过游戏，让孩子学习文明礼仪，让孩子感受为人处世的道理。

第三，遇到孩子大吵大闹，一定要问清楚原因才能决定用什么样的应对方式。如果是家庭成员的溺爱，孩子因得不到满足而乱发脾气，不妨采取冷处理的办法，让孩子知道很多事情不是用发脾气来解决的，等孩子闹完脾气后，再和他们讨论此行为，告诉孩子这种行为是不对的，但同时一定要让孩子感受到你对他的爱。

第四，努力营造良好的家庭氛围，家人相处和睦才会让孩子感受到爱，有助于让他形成温和的个性和气质。

3. 孩子内向、怕老师，怎么办

最近，涵涵经常哭闹着不上幼儿园，妈妈也经常因此耽误工作，这让涵涵妈妈感到特别烦恼。

涵涵已经上幼儿园一年了，在此之前各方面的表现都还不错，可是最近却像个刚入园的孩子一样，吵着闹着不想去幼儿园，还说是"害怕老师"。

涵涵妈妈也跟老师说明了这些情况，老师首先明确她们对涵涵的关爱和原来是一样的，不过也表示涵涵在幼儿园的确不是那种特别活泼的孩子，和老师也不是特别亲密。

后来有一天，涵涵妈妈的朋友来家里做客，提醒了涵涵妈妈。当时，涵涵奶奶和孙女开着玩笑："乖宝宝，快跟阿姨说话。如果不说话，我就告诉你们老师，让老师批评你。"涵涵听到奶奶这句话，瞪大了双眼。而奶奶却觉得很有趣，一边说一边笑。

朋友还说很多家长都喜欢说这样的话："只要一提老师，孩子立刻听话，比什么都好用。"的确，很多中国妈妈都使用过类似的"法宝"："再不听话我就给老师打电话了。""从沙发上下来，不然明天就告诉你们老师。""这几个字都不认识，老师肯定不喜欢你。""所有不听话的小朋友，都会被送到老师那里去。""再不听话，马上送你去幼儿园！"

老师本来在学校有着双重角色，一方面要给予孩子足够的体贴和关爱，一方面也要恰当合理地教育引导孩子，这样肯定会有严肃的一面。对于天性胆小的孩子，很可能就需要很长的一段适应时间。但是如果家长没有注意到这一点，没有体会到孩子内心对老师这个教育者身份的恐慌和畏惧，甚至因此还开一些玩笑，就可能会让孩子对老师产生更深的误解，导致他们越来越惧怕老师，这对孩子的性格形成也会产生不好的影响。

孩子爱不爱上幼儿园，很大程度上取决于他们喜不喜欢老师。虽然这和老师与孩子相处的方式以及彼此之间建立的信任有关，但是别人对老师的态度和评价也会对此产生影响。

有的家长不仅拿老师当作威胁孩子的法宝，甚至还会诋毁污蔑老师，比如"你们老师懂什么啊？""老师为什么批评你？""老师怎么这么办事，妈妈去找她评理去。"

如果家长从心里不信任老师、不尊重老师，当着孩子的面指责老师，老师在孩子心中的形象就不再高大神圣，也就没有了威信。

如果孩子喜欢幼儿园，喜欢老师，他们自然会开开心心地去幼儿园。为此，家长可以试着这样告诉孩子：

（1）老师和妈妈一样，很爱很爱你，你也要像爱妈妈一样爱每个老师。

（2）老师什么都知道，会教连妈妈都不知道的知识。

（3）每个小朋友都要上幼儿园，就像爸爸妈妈必须要上班一样，无论你在幼儿园表现得好不好，妈妈永远爱你，老师也爱你。

如果孩子因为老师批评过自己而开始害怕老师，家长要引导孩子自己去问问老师批评的原因，如果真是自己做错了，就要勇于承认和改正；如果老师错了，老师也会认真地道歉，并告诉孩子："希望老师和你永远是好伙伴，好伙伴之间是会互相原谅的。"

4. 孩子被欺负了，怎么引导

晚上放学的时候，老师跟嘉嘉妈妈说，嘉嘉的手被另外一个小朋友抓伤了。原因是两个小朋友一起抢椅子，嘉嘉没有抢过那个小朋友，在争抢的过程中，那个小朋友抓伤了嘉嘉。

嘉嘉妈妈以前也认为小孩子年龄还小，打打闹闹是再正常不过的事了，听说很多家长一看到孩子被欺负了就满腔怒火地去幼儿园，还会反复叮嘱孩子"别人打你你就打他""没事，打坏了爸爸带他去医院"，这些家长宁可让孩子打伤了别人而赔偿损失，也不愿意让自己的孩子被人欺负。

面对老师的道歉，嘉嘉妈妈尽管嘴上说没有关系，但是心里还是有着小纠结。这已经不是嘉嘉第一次受伤了，这个学期已经有两次了。

嘉嘉是那种性格比较温和的孩子，和别的小朋友发生冲突时，往往是被欺负的那个。自己的心肝宝贝在幼儿园被欺负了，妈妈肯定比谁都难受。妈妈担心孩子手上和身上的伤口容易养好，可是受温顺性格的影响等孩子以后长大了是不是还是会受到欺负？

那么，孩子在幼儿园被欺负，到底该不该鼓励孩子打回去呢？

四五岁的孩子还没有"打人"和"被打"的概念，至少孩子间的打闹和成年人眼里的扭斗是有着本质区别的。孩子只是意见发生了分歧，他们在这种分歧中也能学习与人交流的智慧，不存在成年人之间的恶意。

幼儿园的小朋友前一秒还在吵架，下一秒就可能拉着小手跑来跑去，根本不记得谁打过谁，谁吃亏了。作为父母和老师，应该给孩子机会，让孩子们自己去处理矛盾，而不是以成年人的理解，鼓励孩子"打回去"。

"打回去"只能暂时保护孩子不受欺负，但是从长远来看，一旦形成习惯，性格就很容易变得暴力自私，非但解决不了问题，还会让孩子不容易交到知心的朋友。

但是，不主张孩子还手，并不代表要沉默应对，还有更多更好的解决办法是可以学习的。不要小看孩子的能力，他完全有办法处理同伴间的矛盾。妈妈要做的就是鼓励孩子和同伴沟通，教会孩子正确的保护自己的方式。

第一，遇到小朋友伤害自己的时候，大声地告诉对方："打人是不对的，你不可以打我。"

第二，警告对方打人的后果："你打我，我就告诉老师。"

第三，当对方表现出凶狠的表情时，可以离这个小朋友远一点。

另外，在"被欺负"这个问题上，爷爷奶奶辈更容易出现一些极端的教育方法，爸爸妈妈一定要跟老人多交流，传授一些正确的教育方法，让全家人的观点达成一致，一起为孩子创造积极的同伴关系，让孩子健康快乐成长。

5. 孩子总是睡得很晚，怎么办

随着年龄越来越大，奥斯卡的睡觉时间也越来越晚，2岁多的时候七八点就睡了，3岁多的时候最晚9点也就睡了。可是到了4岁，奥斯卡经常要磨蹭到10点才上床，很多时候到10点半才能睡着。

那么，奥斯卡到了晚上都会做些什么呢？原来，他会给自己安排很多事情，玩玩具40分钟，画画半个小时，看电视半个小时，玩手机游戏20分钟，洗澡洗漱半个小时，有的时候还要看会书，再和家人玩一会儿。就这样，一个晚上的时间就过去了，奥斯卡入睡的时间也就越来越晚了。

妈妈也尝试早一点让奥斯卡上床，但是奥斯卡又哭又闹就是不睡，只好让他再玩会儿。

在这里，给像奥斯卡妈妈一样烦恼的家长们提几点建议：

（1）既然决定9点前上床睡觉，就一定要坚持。其实很多孩子无法做到早点上床睡觉，完全是家庭环境使然。要想让孩子早点上床睡觉，家长就要给孩子做出榜样。即使有工作需要加班，也要先把小家伙哄睡了再起来忙自己的事情。

（2）晚上的活动可以精简一下。可以将每一项活动的时间缩短，或是给孩子做个计划表，时间一定要和孩子提前商量好，规定好每天只能玩多长时间，超过规定时间后，任凭孩子怎么哭闹也绝对不能玩了。

（3）睡觉前关灯，给孩子讲一些睡前故事，这样不仅对孩子的倾听和语言思维能力的提升很有帮助，而且也有助于阅读习惯的养成。更重要的是，在轻松愉悦的氛围中，孩子的睡眠质量也会大大得到提升。

（4）白天让孩子进行充分的运动，多消耗体力才能保证孩子的睡眠质量。饭后可以带孩子出去散步或是做一些运动，而不是让孩子待在屋子里玩游戏、看动画片。

6. 该怎么评价孩子的绘画作品

丫丫上美术班有一段时间了，尽管老师在课后反馈的时候总是表扬丫丫，说丫丫对绘画很感兴趣，想象力也很丰富，但是丫丫爸爸觉得丫丫画来画去并没有什么长进，该圆的不圆，该方的不方，很多线条也是断断续续，并不完整。

比如，老师让小朋友画圆圆的太阳，可是丫丫画的是半圆形，有点像草帽的形状。丫丫画完还一脸兴奋地问爸爸："你看我画得好不好？"

"好看，好看，好了，赶紧收起来，爸爸还有要紧的事情要办！"

"动作快点啊，要是装不下就留这儿，不要了！"

"可是……"

"可是什么？改天画一个更像的再给爸爸看！"

而爸爸这么说的时候，看都没有看一眼丫丫失落的表情。

后来老师告诉爸爸之所以孩子画了半圆形的太阳，是因为暑假全家人去看日出，丫丫看到红红的太阳从地平线一点一点露出脑袋，丫丫觉得太阳露出一半的时候最可爱，像一个淘气的孩子，所以丫丫很兴奋地把淘气的太阳宝宝画了出来。老师说，这不仅是她记忆中的太阳，还是她和家人一起看日出幸福的回忆。丫丫把这些幸福和美好都画在了纸上，爸爸不但没有理解，反而很不耐烦地敷衍孩子。

可想而知，丫丫当时一定非常伤心，她可能觉得爸爸妈妈都不记得那件事了，觉得爸爸不认为全家一起看日出是最幸福的事情。

其实，孩子的画是用来"听"的，而不是用来"看"的。孩子的每一笔每一个图形都有一个故事。很多家长对孩子的绘画教育都存在着错误的认知。

在很多家长心里，觉得孩子画得"像"才算会画，不像就是不会画——太阳一定是圆的，兔子的耳朵一定是长的，苹果一定要长在树上，画里不应该出现绿色的花、红色的云……这其实是非常不科学的绘画教育。

孩子年龄还小，语言发展不完善，很多心里的想法和感受都无法准确地表达出来，所以，他们往往会通过绘画表达自己的想法。这也就是为什么四五岁的孩子尤其喜欢画画的原因——那是他们表达内心感受的一种方式。

而家长要做的就是，倾听孩子画里的故事，感受孩子表达的情绪，只要孩子能说出画的是什么，都要给予其赞赏和鼓励。只有孩子所表达的思想被爸爸妈妈欣赏和认可了，才会激起他更大的绘画欲望和表达欲望。

7. 大的必须让着小的吗

早上，晨晨又是哭着去幼儿园的，原因是晨晨和弟弟吵了一架，妈妈又一次批评了晨晨，说晨晨是哥哥，应该让着弟弟。

晨晨才 4 岁，他对大人说的类似"哥哥应该让着弟弟"这样的话还难以理解，所以只是哭喊着说"我讨厌小弟弟，妈妈偏心小弟弟"。

因为两个孩子的竞争欲都很强，所以一切都可能成为他们俩争抢的对象。为了平息战争，妈妈总是让晨晨让着弟弟，家里好吃的、好玩的，都是弟弟玩够了、吃完了才轮到晨晨，甚至连晨晨自己的东西，只要弟弟抢，晨晨都得让出去。

对于家有二胎或是多胎的家庭，很多家长会有"哥哥让着弟弟""大的让着小的"这样的想法。但是如果大宝一直处于谦让的位置，心里肯定会产生落差和不平衡。每一次家长强迫大宝把自己的东西"分享"给小宝时，对大宝来说都是一种心灵上的伤害。

虽然孩子到了4岁，需要学会分享、懂得谦让，但是这种品质不是强迫得来的，需要家长正确的引导和小家伙一点一滴的积累。

首先，把所有好玩的、好吃的都先给弟弟，这本身就是不公平的。不管是哥哥还是弟弟都是家里的宝贝，都应该得到爸爸妈妈平等的爱。如果家长一味照顾小宝，肯定会让大宝觉得被冷落："妈妈是不是不爱我了？""妈妈只爱弟弟一个人。"

另外，当家长要求哥哥把东西拿出来分享的时候，是否问过哥哥愿不愿意？也许家长心里已经认定了这是哥哥应该做的，哥哥愿不愿意都必须这么做。虽然有那么几次哥哥确实拿出了心爱的玩具和弟弟分享，但是妈妈并没有教会哥哥分享的道理，哥哥也没有从中得到快乐的体验，而是学会了抢夺、哭闹和霸占。

强迫孩子分享，最严重的后果是让孩子学会了自私和掠夺。事实上，真正的分享应该是孩子心甘情愿的，并能从中感受到快乐的行为。

如果家里有两个宝贝，父母处理这类问题时就更需要谨慎。

第一，家里的东西最好分清归属人。比如：什么是属于哥哥的，什么是属于弟弟的，什么是属于妈妈的，什么是属于爸爸的。当任何一个人使用其他家庭成员的物品时，都要跟对方进行商量，在征得对方的同意后才能使用。爸爸妈妈也要做好榜样，让两个孩子明白，动别人的东西是需要征求对方同意的。

第二，在传达分享理念的时候，一定要孩子一起听从，比如，可以让哥哥和弟弟一起讨论，妈妈在一旁引导，让孩子懂得分享的行为是好的行为。

第三，虽说有的时候"大的让小的"很可能是一种省时又省力的办法，但是极易让小的变得特宠生娇，更加顽皮任性。谦让的传统本无可厚非，但若是不分青红皂白，一味地借用这种传统美德让大的委屈求全，却并非天经地义。要知道每个人都会有自己不愿意分享的东西，孩子也是一样。所以，作为家长，千万不能愚蠢盲目地按照"大的就得让着小的"的所谓常理来引导孩子。

8. 孩子做错了事，该不该惩罚

　　小坤刚刚4岁多，是个活泼好动、好奇心特别强的孩子，因此没少犯错误。每次犯错后，妈妈都会狠狠批评小坤，希望小坤引以为戒。但即便这样，小坤仍然特别顽皮捣蛋。一旦犯了错就会立马聪明地承认错误，就算被妈妈责罚一顿对他来说也似乎没有什么大不了的。

　　四五岁的孩子，心理发育尚不完善，还不能完全分清是非对错，犯错误是在所难免的。但是如果每次犯错都被大人严厉惩罚，孩子幼小的心灵会不会留下阴影呢？

　　大人千万不能有"孩子是我生的养的，父母处罚孩子天经地义"的思想。当然并不是说任由孩子犯错误不管，只是惩罚孩子要讲究正确的方法，这样才能达到教育的目的。

　　打骂更是绝对不可取的，那样做不仅伤害了孩子的自尊心，也会影响亲子关系。那么正确的做法应该是什么呢？

第一，不要当众惩罚孩子，要保护孩子的自尊心。很多妈妈在教育孩子的时候，爷爷奶奶都喜欢在一旁，要么帮腔附和，要么帮助孩子开脱，这一点需要注意。可以提前与家庭成员沟通商量好，把孩子单独带到一个房间，先了解事情过程，然后让孩子自己说出当时的真实想法。

第二，和孩子一起制定规则，让孩子清楚地知道什么事能做，什么事情不能做，做错事要接受什么样的惩罚。

第三，违反规则就要按照一起商量的规则进行处罚，不能只说不做，使规则形同虚设。

在平时生活中，孩子难免犯些小错误，大多时候适当地冷处理就可以。当然，让一些家长焦虑的是，很多时候孩子犯的错误是冷处理解决不了的。小孩子做事没轻没重，是非观念还很模糊，有时候适当的实际性惩罚，反而能引起孩子的重视。不过，在处罚的时候应当注意几个原则（以罚站为例）：

让孩子罚站最好选择不起眼的地方，不要让家里的其他人对他进行嘲讽，落井下石。

罚站之前要让孩子清楚地知道为什么被惩罚，不能让孩子稀里糊涂地接受惩罚。很多妈妈特别喜欢说这句话"站在这好好想想，你到底哪里做错了"，很多孩子其实并不清楚自己哪里做错了。妈妈要明确告知孩子惩罚他的理由，让孩子真正明白自己的过错是什么。

与孩子协商罚站的时间，要把握好尺度，时间不能过长，可以对着钟表告诉孩子时间，让孩子在约定的时间内反省自己的过错。时间到了，惩罚就要相应地结束。

惩罚孩子过后，一定要对孩子进行疏导。可以选择安静的晚上作为谈心的时间，这样可以让孩子在舒适不被打扰的环境下自己总结出错在哪里、以后怎么做。妈妈也可以向孩子吐露心扉，相信孩子可以改正，并让孩子知道你永远爱他。切勿喋喋不休，反复唠叨。

最后，尤为重要的一点是，全家人在处罚这件事情上一定要统一战线，全员一致，以免让孩子产生混乱感。

9. 孩子尿裤子了，怎么办

岩岩妈妈接到老师的电话，岩岩又将裤子尿湿了。尿了之后，岩岩就穿幼儿园的备用裤子回家，第二天再将备用裤子拿到幼儿园。其实幼儿园的每位小朋友都准备了备用裤子，而大部分小朋友基本上都用不到备用裤子。

所以岩岩妈妈每次听到岩岩又尿裤子了，都会显得有些不耐烦，放学接孩子回家后，也会责备孩子几句。

其实，岩岩妈妈应该站在孩子的立场想一想。我们成年人出糗之后，都不希望别人知道，更不希望被嘲笑和责骂，小孩子其实也一样。

其实尿裤子对于孩子来说很正常。这和孩子年龄尚小、不适应环境、心里紧张、冬天穿脱衣服不方便、自理能力差等等都有关系……这并非大事，孩子可能也不会太在意。但是大人过于紧张或是在意的情绪反而会传导给孩子，让孩子觉得这是一件非常严重的事，以致于孩子不仅会十分害怕尿裤子，在别的小朋友发生这种事时也会取笑对方。

朵朵一开始很喜欢上幼儿园，但是最近特别不想去。妈妈分析了一下觉得很可能是因为进入冬天以后，朵朵尿了两次裤子，妈妈和幼儿园孩子的话伤害了朵朵，所以她便会更担心自己会再次尿裤子，也担心妈妈会生气，小朋友会嘲笑自己。

如果家长意识到自己的话伤害了孩子，就应该改变态度，平时多关注孩子的心理，在孩子尿裤子时宽慰孩子，尊重孩子的自尊心。在没有了压力之后，孩子就不会一直尿裤子了。

10.　孩子不喜欢学习知识，怎么办

不久前，希希妈妈来参加孩子的家长会，原本这是家长来学校观看老师上课以及孩子们的表现，但是希希的表现让妈妈觉得很没面子，恨不得赶快逃离现场。

别的小朋友都兴趣盎然地听老师讲课，和老师配合得也很好，但是希希要么不看黑板，直接趴在桌子上；要么小声地招呼着妈妈，让妈妈陪她。

当汇报课程成果的时候，希希妈妈看到别的小朋友都已经认识好多汉字，背诵很多童谣，有的还会讲故事、会做一些简单的计算，但是希希在这些方面却做得并不好，甚至都不敢开口回答问题。

尽管希希妈妈并不是十分看重学习成绩，也不希望孩子在幼儿园阶段就过多地接触小学知识，但是对于幼儿园教授的一些很简单的基本的知识，希希竟然都跟不上，跟别人有很大的差距，希希妈妈不免有些担心。

尽管很多家长认为孩子快乐最重要，但是大部分父母还是望子成龙的。静下心来想想，希希妈妈也肯定认为自己的孩子并不是智商不够，孩子和同龄的小朋友一样聪明健康，对很多事情都有强烈的探索欲和求知欲。可是希希妈妈内心还是认为孩子不爱识字，不爱背儿歌，长大了在阅读方面、表达方面可能会跟不上同龄的孩子。

为什么妈妈会这么想呢？其实，大部分父母并不知道在幼儿阶段要教会孩子什么知识，似乎认识汉字是唯一的学习内容，所以才会经常让孩子一遍遍地学习认字，经常写出一些自认为简单常用的汉字，一遍一遍地让孩子跟着念。在玩积木的时候，也会教孩子认识"日""月""水""火"等字，用成年人的方式将知识灌输给孩子。

就这样，教育越来越偏离原来的轨道，家长的做法违反了孩子自然成长的规律，再加上缺乏正确的引导方法，孩子排斥学习也就理所当然了。

那么，该如何科学引导孩子学习呢？

在幼儿阶段，孩子的学习都离不开游戏，为孩子创造有趣的学习环境，不仅是幼儿园老师也是每位家长的责任。家长要在家中营造良好的学习氛围，为孩子挑选他们喜爱的书籍和学习用的玩具都是很不错的办法。

玩是孩子的天性，玩中学，学中玩，才能让孩子爱上学习，至少不会强烈抵触。学习不能着急，不能一口吃成胖子，对孩子期望过高，给孩子太大压力，只会让孩子失去学习兴趣，反而让学习变成了一项枯燥的任务。

比如手这个字，如果要孩子死记硬背，非常枯燥。只有把"手"放进词里，赋予它具体的含义和形象，孩子才能更好理解。比如手指、手套、手机等，理解起来就相对简单。

11. 家有小宅男、小宅女，怎么办

晚上，瑞瑞一家吃完饭后，瑞瑞爸爸提议去外面玩一会，但是瑞瑞就是不想出去。

"瑞瑞，咱们出去玩一会，刚吃饱饭需要运动一下。"

"我不想去。"

"瑞瑞，天天在家玩多没意思啊，爸爸带你到外面，外面可有意思了。"

"我不想去。"

"你这孩子怎么这样，天天在家待着，一点男孩子气概都没有，天天懒懒散散的。"

在幼儿园也是，别的小朋友对运动会的项目都特别感兴趣，只有瑞瑞懒懒的，不愿意参加，很多时候，做早操都不愿意出去，即便跑两步，也会气喘吁吁地停下来。时间久了，瑞瑞的爸爸妈妈都有些担心孩子的生长发育会出问题。

很多孩子也像案例中的瑞瑞一样，不爱参加集体活动，很少运动，就连周末都不想出去。之所以这样，相信大家都有自己的感触：现在的城市生活方式和普遍的教育观念决定了孩子们的"宅"。而宅男宅女的年龄越来越低龄化，特别让人忧心。

80后的父母一定对自己小时候的各种游戏记忆深刻：丢手绢、跳皮筋、过家家，数不尽的游戏，而且小朋友们个个技艺非凡，会运用生活中的废旧物品制作好玩的东西，弹弓、手枪、风车，小女孩可以用红砖的粉末制作红酒，用黄土制作橘子汁。

可是现在的孩子们呢，住在高楼大厦里，人与人之间甚少来往，基本上缺乏邻居的概念，同一社区的人跟陌生人似乎没有区别，孩子们往往很难交到朋友，更别说成群结队地玩游戏了。

而且，现在大多家长也非常担心孩子的安全，不敢放手让孩子尽情去外面玩，生怕摔着碰着或遇到坏人。由于家长的保护和限制，孩子被家长保护在小小的房间里，只能越来越"宅"。另外，还有一个重要的原因是家长越来越重视孩子学习知识，从幼儿园阶段开始，就给孩子报各种特长班，诸如美术、舞蹈、数学、朗诵等。孩子的功课越来越多，宅在家里的时间也越来越多。即便有伙伴，还是没有时间去玩。

孩子缺乏运动和锻炼，自然跑几步就气喘吁吁。户外充足的阳光和适当的运动能够促进孩子增强体质。如果从小就宅在家里，不见阳光，不运动，体质自然受到影响。

现在，瑞瑞爸爸和妈妈已经意识到问题的严重性，接下来他们决定耐心地去改变现状，多陪孩子出去，用一些有吸引力的玩具、游戏，吸引孩子到户外，比如自行车、滑板、毽子、手绢等，如果能够给孩子寻找几个户外活动玩伴就再好不过了。只有让孩子充分感受到户外游戏的快乐，增进和小伙伴之间的交流和感情，孩子才愿意走出家门。

还有一部分孩子不想出去的原因是想躲在家里看电视或是玩电脑、手机游戏。家长自己玩手机都停不下来，一坐就是一整天，孩子耳濡目染下也会效仿。所以一定要控制孩子接触电子产品的时间，另外不妨引导孩子将手机里的游戏变成现实中的游戏，比如《植物大战僵尸》，若是变成真人版相信孩子一定会非常乐意接受。

总之，孩子并不是从一开始就宅在家里的。大人要想改变这种状况也要花费很长的时间，不能因为孩子一开始不想去，就放弃带孩子出去的想法。

12. 孩子爱哭，怎么办

　　伊伊是个聪明可爱的孩子，老师说什么伊伊都会积极地去做，每位老师都很喜欢伊伊。但是有时候他们也对伊伊很无奈，因为伊伊太爱哭了。

　　她会因为自己最后一个拿苹果而哭，会因为鞋子穿反了而哭，还会因为跑得没有其他小朋友快而哭……反正伊伊遇到一点事情，就会哭哭啼啼停不下来。

　　其实，哭是一种正常的情绪表达方式，哭泣可以让负面情绪得到释放。在面对孩子动不动就爱哭的这个问题上，成年人不应该一味压制，而是要仔细分析原因再对症下药。

　　总结起来，孩子哭泣的原因主要有以下几点：

　　（1）孩子的天生气质

　　不同气质的孩子有不同的表现类型，有些孩子天生敏感爱哭，情绪上易表现为脆弱和不稳定性，因为一点委屈或不满就大哭大闹，别的孩子不在乎的一些小事，也会使他们的情绪产生波动，这是孩子的个性倾向，和内向、攻击性、爱交际等一样，是一个人的性格特点，是先天的。

　　（2）哭是孩子"要挟父母"的手段

　　很多大人都害怕孩子哭，担心孩子哭会上火，伤了身体，所以只要孩子哭，大人总是满足孩子。长此以往，孩子就会认为"用哭可以达到目的""如果不想做一些事情，哭就可以了"。

　　（3）4岁孩子的表达能力还不够成熟

　　在孩子很小的时候，就用哭来表达需求，长些以往，孩子就会习惯用哭闹来表达。

（4）父母严厉的态度也能引发孩子哭闹

如果家长动不动就凶孩子，一点小事就疾言厉色，孩子难免会担忧害怕，自然会被吓哭了。另外，当孩子感受不到父母的爱或是缺乏安全感时，也会表现出焦虑不安和爱哭。

对于第一种原因，父母要多给予孩子谅解和包容。多带孩子接触自然，多让孩子感受自信和快乐的事情，只要孩子生长的氛围是充满正能量的，即使先天气质多愁善感也会有所改善。

对于第二种原因，家长要好好反思自己的教育方式，如果孩子以哭闹来威胁，请记住这样一句话：让孩子哭会儿吧！孩子需要明白，哭不能解决问题。当孩子提出要求时，家长首先要好好考虑，如果是不合理的要求，即使孩子哭闹也不能满足他，要让孩子知道底线。

对于第三种原因，一定要在平时多教孩子一些疏导情绪的方法。比如教孩子学会诉说；引导孩子转移注意力，去做别的事情；让孩子学会自我安慰；让孩子学会换一个角度想问题……总之，要从改变孩子的思维方式开始，让孩子不把哭当成唯一的手段。

对于第四种原因，父母要从改变自身开始，积极与孩子沟通交流，与孩子建立亲密友好的亲子关系。切记千万不要将自己的负面情绪发泄到孩子身上。

另外，即使孩子比较爱哭，也一定不要轻易给孩子贴上敏感爱哭的标签，贴标签可能会强化孩子对自己爱哭行为的认知，变得更加顾影自怜。

13. 爷爷奶奶帮忙带孩子，需要注意什么

现在，"4+2+1"的家庭模式越来越普遍，大多数的孩子是隔代抚养的。大多父母要忙工作忙事业，没有时间照顾孩子；有的父母外出打工，不方便带孩子；有的父母则是天天吵架，对孩子不管不顾……老人们因为种种原因而加入到孩子的教育中。

这是当代社会普遍存在的现象。当然，隔代抚养也有着一些优势：

老人的时间比较充裕，而且生活护理上全面细致，能够更全面地照顾孩子；

比起保姆等外人，老人更值得信赖；

忙于工作的年轻父母，因为有老人的帮助能够更加专注工作，能给孩子带来更好的生活条件；

老人善良勤劳的品质，可以让孩子受到良好的熏陶；

孩子是老人最重要的情感寄托。老人照顾孩子不仅解决了父母工作忙难以照顾孩子的难题，同时也慰藉了老人孤独空虚的心灵……

但是，隔代教养最容易出现的问题便是老人更容易溺爱孩子。很多老人带孩子，只要孩子想要什么都会满足，想要去哪儿玩就去哪儿玩，甚至不想上幼儿园都可以不上。当看到孩子流泪，很多老人就会心疼得手忙脚乱。所以，爷爷奶奶往往是孩子的保护伞，孩子也就容易在这种溺爱中变得叛逆、任性、懒惰，不懂得关心他人。

当然，生活中也有很多负责任并且有智慧的爷爷奶奶，他们往往具有这些特征：

（1）身体、心理健康，情绪稳定。

（2）有爱心，乐于和孙辈相处。

（3）没有不良嗜好，个人卫生习惯良好。

（4）了解孩子的饮食习惯和生活习惯，如饭量，起居时间，生活护理等常识。

（5）沟通能力强，对孩子有耐心。

（6）喜欢户外活动，常带孩子外出去认识周围的世界。

（7）有一定的文化基础，能适时引导、教育孩子。

（8）待孩子和蔼、宽容，但不溺爱、不纵容。

（9）能细心观察并发现孩子的身心变化，及时与孩子的父母交流。

（10）愿意并善于吸收新知识、新观念，善于用现代家庭教育理念教育孩子。

如果是这样的爷爷奶奶，父母们可以暂且放心。但是如果目前孩子的爷爷奶奶还做不到这些，爸爸妈妈就要多花费一些心思和时间，积极参与到孩子的家庭教育中来。

4 岁的孩子非常需要和父母建立良好的亲子关系，这关系到孩子一生的幸福感和安全感的形成。爷爷奶奶在照顾孩子生活和耐心上肯定好过父母，但是年轻父母在先进的教育理念和学习能力上也好过老人，所以双方要扬长避短、互相配合，才能让孩子接受良好的教育。

需要注意的是，两代人在教育观念上发生分歧，一定不要在孩子面前表现出来。比如，孩子非要在睡前吃一块巧克力，而妈妈认为这样对牙齿不好，甚至会养成坏习惯，但是奶奶为了安抚孩子偷偷给了孩子一块。妈妈内心肯定十分气恼，但是不要当面指责老人或是对孩子发脾气，妈妈要私下里和老人讲明，等下一次再跟孩子进行沟通。

年轻父母不仅要对待孩子有耐心，对待帮忙照顾孩子的爷爷奶奶更要有耐心。改变老人可能真的很难，但是老人们愿意为儿女付出的心是坚定的，所以平时也要温和地说服他们，告诉他们为了孩子的健康，有时也要配合晚辈的教育方式。

14. 当孩子向你告状时，怎么回应

天天最近特别爱告状，在幼儿园时，谁抢了他的玩具，谁碰了他一下，谁没有按照老师的要求做，他都会向老师告状……在自己家所在的小区里玩耍时，也是玩着玩着就跑到妈妈身边，向妈妈告状……

有一天，天天的姐姐在同学家玩，很晚了才回家，妈妈狠狠批评了姐姐。等到爸爸回来了，天天又赶紧上前去把姐姐晚回家的事情告诉了爸爸，最后还补充了一句："妈妈已经教训她了，爸爸你也教训她一下。"

看着天天调皮的样子，姐姐心里特别生气，谁知天天还恨恨地说："谁让你不跟我玩的。"

等到爷爷奶奶回到家，天天又说了一遍，期待爷爷奶奶再次教训姐姐。

一开始，家人对天天这样的表现都哭笑不得，可是等到幼儿园老师跟妈妈反映天天在幼儿园也这样子爱告状时，就有些担心了。

妈妈一方面担心天天爱告状可能是有什么心理阴影，另一方面则担心爱告状的天天把老师和同学都得罪了，就没有好朋友了。

从心理学上说，孩子爱告状是因为他喜欢表现自己，孩子想向大人展现自己的行为、判断和见闻，从而希望得到大人的认可和赞许。从这个角度说，爱告状说明孩子已经有了一定的遵守规则的意识、辨别是非的能力以及语言表达能力。

孩子告状的时候，通常会告诉大人谁做错了什么，而自己没有那么做，如"弟弟把杯子打碎了"，潜台词就是"我没有弄坏，我很棒，赶快表扬我"。孩子是在向大人表达自己对这件事情的理解以及标榜自己的行为。

如果孩子因为想要表现自己而告状，父母不应该粗暴打断，而是应当给予他们表现的机会。在认同孩子的判断，满足他们的心理需求之后，父母再引导孩子用积极的、善意的眼光去看待别人犯错这件事。

除此之外，有的孩子还可能因为嫉妒而告状，孩子会通过这种告状的形式贬低别人。比如，如果妈妈表扬另外一个小朋友，说"洋洋好乖啊"，孩子为了博得家长的关注可能会说"可是，洋洋在幼儿园吃饭会弄得桌子脏兮兮的，老师最不喜欢掉饭的孩子"。这是孩子因为嫉妒，为了争宠而告状。

如果孩子因为嫉妒而告状，父母要反思一下自己的行为，是不是自己也经常用嫉妒的情绪谈论周围的同事、朋友或是亲人？自己是不是经常拿别人家的小孩与自己的孩子进行比较？在这种环境中成长的孩子，可能因为自大而喜欢与人争宠比较，也可能因为自卑而想办法贬低别人。因此父母要审视自己的行为，要让孩子知道，每个人都有自己的长处，也有自己的短处，除了要继续保持自己的长处之外，还要懂得欣赏别人，主动学习别人的长处。

无论如何，告状这一习惯都是不好的。当孩子向我们告状时，我们不妨以温柔的态度反问孩子："宝贝，你认为应该怎么处理呢？"让孩子思考解决问题的办法，也要让孩子知道，在发泄自己情绪的同时，也需要将解决办法找出来。

随着年龄的增长，孩子也就会慢慢改掉爱告状这一行为，而认真地思考如何解决问题。

15. 当孩子说话特别不礼貌时，怎么办

爸爸带凯凯去同事家做客，刚开始，凯凯和叔叔家小妹妹玩得很好。半个小时后，两个人吵了起来，可能是妹妹太着急，用力地推了凯凯一下。凯凯就有点不高兴了，大声骂道："你个王八蛋，你弄疼我了。"

当时，同事的一家听到凯凯这样说都特别吃惊，而爸爸也有些尴尬。最后同事开玩笑地说："都是跟你学的吧，有其父必有其子。"

爸爸不好意思地笑了。回到家后，爸爸把这件事跟妈妈说了，妈妈说："凯凯最近说话是有些过分，骂人的话不经意间就会脱口而出。这可怎么办？"

实际生活中，像凯凯这样不讲礼貌、言语粗俗的孩子并不少见，一个孩子的语言习惯，不仅反映其家庭教养，更是对其性格以及未来人际交往有着深刻的影响。

那么，为什么孩子会突然说脏话呢？

四五岁，正是孩子语言发展的高峰期，大人说什么，小孩子一听就会。而且他们正好对一些粗俗暴力的东西感兴趣。当大人因为生气脱口而出说了脏话，再加上大人解恨的表情，孩子看到后会觉得很神奇或者有趣，也会认为说脏话是有效发泄情绪的途径，于是便会马上模仿起来。

除了家庭环境的影响，孩子也会从电视剧、幼儿园小朋友口中学会一些粗话。

没有一生下来就粗话连篇的孩子，也没有一生下来就十分懂礼貌的孩子。

一个文明懂礼的孩子，都是通过父母后天有意识有技巧的教导培养出来的。

（1）言传身教，要让孩子知道有礼貌的用语才是正确的

如果父母言语粗俗，就一定要戒除。如果家里老人也会说话不注意，我们就要耐心地和老人沟通，请老人注意一下。如果老人很难纠正，那么也要让孩子明白，爷爷奶奶这个习惯不好，我们可以一起帮助爷爷奶奶。这样孩子就不仅会注意自己的言行，也会成为爷爷奶奶的小帮手。

（2）避免过激反应

很多家长一听到孩子说脏话，就厉声厉色开始批评孩子。如果孩子因为控制不住情绪，而说了"大笨蛋""去死"等脏话，家长尽量不要生气，也不要立即教训。在幼儿早期教育中，无论何种状况下的喝斥，都是百害而无一利的。很多孩子甚至因为遭受了妈妈的批评后变得顺理成章地继续说脏话。

所以，当这种情况出现时，父母应该面对孩子，平静而坚决地告诉孩子："你可不是个动不动就张口骂人的孩子。"然后正确教导孩子如何用礼貌的方式表达自己的想法，如何更加理智地控制自己的情绪，如何用积极的表达方式来提出要求。比如："妈妈，我觉得很伤心。""我可不可以这样？""我认为爸爸说的不对。""我想看电视，能不能看一会儿后再去收拾玩具？"

长期的适当教导加上孩子语言表达能力的逐渐成熟，慢慢地，孩子就能够用礼貌的方式提出要求和发表意见了。

（3）表扬孩子的礼貌行为

当孩子自觉使用礼貌用语后，父母一定要及时赞美强化这种行为。不过父母的表扬一定要明确和具体，比如"奶奶刚才给你苹果的时候你说了谢谢，这真棒。""今天在饭店吃饭，你主动跟妈妈的朋友问好，真是个好孩子！阿姨说你是个懂事的乖孩子。"

孩子得到了赞美，而且很明确地知道了为什么被赞美，好的行为就能被强化，也就能继续坚持下去。

16. 孩子还总是分不清想象与现实，怎么办

4岁孩子是生活在自己幻想国度中的国王，他们不太能分清想象和现实。4岁孩子认为一切都是有生命的，都是有感觉的，无论是天上的太阳、月亮、云朵，还是地上的汽车、石头、树木，都和他们一样，是有生命、有情感的。因此，他们常常会和太阳打招呼，会和石头说再见，会向汽车问好。做父母的如果能充分理解4岁孩子的这种思维特点，就能开启魔法的按钮，踏上"魔法育儿"的轨道。

有一个小孩儿特别不喜欢穿衣服，他妈妈每次让他穿衣服的时候，他都逃来逃去，不愿意配合。后来，妈妈发明了一个游戏叫"小火车过隧道"。穿衣服的时候，假装孩子的两条胳膊就是火车。妈妈说："嘟嘟嘟！小小火车过隧道啦，看一看哪一辆小火车能最快最好地通过隧道。"孩子马上就把自己的两条胳膊迅速地伸到袖筒里。然后，拿起裤子，妈妈又说："嘟嘟嘟！火车过隧道啦，看一看哪一辆大火车能最快最好的通过隧道。"孩子马上就把自己的两条腿伸进裤筒里。然后，妈妈就会说："今天是左边的大火车赢啦。"妈妈每次要孩子穿衣服时，都会玩这个游戏。不用担心孩子玩几次会厌倦。4岁孩子对同一个喜欢的游戏会百玩不厌。有时，妈妈和孩子还会给两条胳膊和两条腿分别起名字。

有一个小孩儿特别不喜欢穿鞋，觉得穿鞋非常麻烦，于是每次出门之前都能听到他妈妈没完没了地在催促他："快穿鞋，快穿鞋，我们要走啦！"但是这样的催促根本不起任何作用。孩

子还是磨磨蹭蹭不愿意去穿鞋。后来，妈妈想到了一个有意思的游戏——"大象装冰箱"。当妈妈说："大象装进冰箱里总共要几步？"孩子马上说，三步。妈妈说："第一步是什么？""把冰箱门打开。"孩子一边说一边把鞋的粘扣拉开。"第二步是什么？""把大象装进去。"说完孩子就把自己的脚塞进鞋子。"第三步是什么？""把冰箱门关上。"孩子一边说一边把鞋子的粘扣再重新粘好。于是穿鞋的麻烦从此没有啦，每次出门母子俩都会高高兴兴地迅速穿上鞋子出去玩儿。

有些父母会觉得编游戏是一个很难的事情，不知道该怎么编孩子才会喜欢，其实就是把这件事情想得太复杂了。只要给我们生活中日常的事情、日常用的物品赋予生命，一切就都"活"起来了，和孩子的想象世界也连接起来了。比如刷牙是所有孩子都不喜欢做的事情，很多妈妈就在刷牙的事情上下了很多的功夫，给孩子讲了很多的道理。有的妈妈还会拿一些牙齿坏掉的照片，来给孩子讲不刷牙的危害，但是往往收效甚微，有时甚至还起到反作用，让孩子对刷牙更加抵触。其实如果把刷牙和幻想世界连接起来就会变得容易一些。

比如有一个妈妈曾经给孩子讲过《牙齿大街的新鲜事》这个绘本，孩子对这个故事印象很深刻。于是每次刷牙的时候，妈妈都会有节奏的像唱儿歌一样说："哈克，迪克，两个坏蛋，掏空牙齿，当做房子，牙齿警察，拿把刷子，刷刷刷刷，赶跑哈克，刷刷刷刷，吓跑迪克。噢！牙齿警察胜利了，牙齿大街好干净。"于是，孩子在儿歌的节奏中，努力刷牙，想着赶紧消灭哈克和迪克这两个坏蛋。

另外还有一个妈妈曾经给孩子讲过《大鲸鱼刷牙》这个绘

本。第二天早上，妈妈说："走，我们去刷牙。"孩子突然说："我不刷牙，是不是就会像大鲸鱼一样牙疼？"妈妈笑了，说："是呀。"孩子说："妈妈，鲸鱼的牙齿很大很大吧？是不是要用最大的牙刷？"妈妈还没回答，孩子接过妈妈递过来的牙刷后，一边往嘴里放，一边说："上面的牙齿往下刷，下面的牙齿往上刷，里面的牙齿和牙缝也要刷。"说完，就自己认真地刷起来了。

关于刷牙，有非常多的故事能够帮助爸爸妈妈来构思游戏的情境。其实其他的很多问题也和刷牙一样，我们都能从绘本故事中找到灵感。当我们能够认同4岁孩子的魔法思维，我们就会唤醒自己内心深处的童真，就会让自己和孩子的生活充满童趣，教育孩子就会变得不那么难。

其实，所谓的不听话，只不过是我们和孩子的沟通方式不在一个频道上罢了。只有启动魔法按钮，进入孩子的魔幻世界，才能知道孩子究竟在想什么，究竟想要什么，我们究竟该给什么。

17. 如何让孩子发自内心地认可自己

"就你这样怕吃苦，怕摔跤，还想学会轮滑？"

"连自己的玩具都不收拾，还想当汪汪队队长？"

"你怎么不跟王奶奶打招呼呢？就这样还想当礼貌宝宝？"

很多人总觉得用这样刺激性的语言，就会激励孩子，让孩子羞愧，让孩子反省，让孩子改过自新，让孩子奋起直追。一边嘴里不停地打击一边心里满怀希望得到一个突然变好的孩子，这样的父母往往是小时候就听多了这样的话，因此习惯了用这种讽刺、挖苦的语气去"激励"孩子。

批评、讽刺、挖苦，带来的往往是亲子关系的逐渐疏远和破裂。4岁的孩子通常会从父母的语言中认知和评价自己，父母如果总用贬低他、讽刺和挖苦他的语言来评价他，他就会认为自己是个坏孩子。如果一个孩子认定自己不是好孩子，他怎么可能按一个好孩子的样子去做事呢？

首先，无论孩子犯了多大的错误，做了什么样的错事，多么调皮、任性，作为父母，你都要告诉他，在你的心里，他还是一个好孩子。

> 奶奶做好饭菜，叫孩子吃饭。孩子正在看动画片，不愿意离开。被爸爸强拉着坐在桌子前。看到饭菜，本来就不开心的孩子噘着嘴说："不好吃，我不想吃。"爸爸生气地说："不想吃就别吃，以后你都别吃。"孩子撇着嘴马上就要哭了。奶奶说："宝贝，奶奶刚才做了很久饭菜，快帮奶奶捶捶。宝贝最知道疼人了。"孩子马上举起小手给奶奶捶起背来。奶奶幸福地说："我孙子可真知道心疼奶奶，是个好孩子。奶奶喂你吃一口菜，作为感谢，好吗？"孩子微笑着点点头。奶奶喂孩子吃了一口，孩子乖乖地吃下了。"奶奶最喜欢看你大口大口吃，我们一起吃好不好？"孩子开心地说："好！"

奶奶为什么能让孩子开心地吃饭，不闹别扭了呢？

孩子本来就不想吃饭，而是想看动画片，又遭到爸爸的训斥，这种情况下，怎么可能再有心情拿起勺子吃饭呢？

奶奶温和的态度和做法转变了孩子的注意力，让孩子的情绪平和下来，孩子很自然就吃饭了。那么奶奶是用什么办法转变孩子情绪的呢？发出寻求帮助的请求，邀请孩子帮忙。在帮助奶奶的过程中，孩子得到了好孩子的认可，自然会继续做一个好孩子该做的事情。

呵护孩子的心灵，帮助孩子建立积极的自我评价，他就会按自己认为的那样去行动。孩子从心底觉得自己是一个热心助人的人，就会时常帮助别人；孩子从心底认为自己是一个勇敢的孩子，打针吃药就会不哭闹；孩子从心底认为自己是一个有礼貌的孩子，就会时时刻刻注意礼貌用语的使用。这种认可比外人强加的更有效，但这种认可首先是来自父母的认可和在生活中不断的强化。这也是正面暗示的意义。

有一个高中女生，数学一直学得非常好，但事实上她从小在数学方面并没有过于突出的表现。她的妈妈自己数学不太好，总是担心孩子数学会学起来很困难，但她从来没在孩子面前表现过这种担心。相反，她经常对孩子说："你最喜欢数学了，很小的时候就喜欢数字，经常数数数到好几百。"她跟别人也常常说："这孩子最喜欢数学了，特别爱学数学。"久而久之，女儿就也认为自己喜欢数学，总是很认真地学数学。

这就是正面暗示的力量，我们对4岁孩子更应该如此。大孩子有了更强的自我认知能力，可能不太会受别人的影响，"你说我不行我就不行？""你说不好我就不好？""你说的没用，我认为自己很好。"可是4岁的孩子不是，他们对自己的认知和判断主要都是来自父母和老师。很多4岁孩子因为听多了别人的批评，常常会认真地说："我不听话，不是好孩子。""我是个坏孩子，总惹人生气，别人都不喜欢我。"有些大人听到这样的话，会觉得很好玩，认为孩子只是说着玩，但其实也许很让人心惊，因为孩子是认真的。

18. 孩子总是爱生气，如何调节

4岁孩子自我情绪的调节最常用的两种方法是替代活动和发泄，由于年龄和能力的限制，他们情绪的调节还很少利用到问题解决和认知重建这两种策略。父母可以结合具体的情境运用适当的策略来帮助孩子调节情绪。

（1）发泄策略之哭泣

又哭又闹、满地打滚、摔东西、猛踢桌子腿，这样的发泄我们固然不提倡，但是单纯的哭泣在适当的时候还是很必要的。有研究显示，人在哭泣后，负面情绪强度一般可降低40%，眼泪是情感的宣泄口，哭泣使人体释放肾上腺素和去甲肾上腺素，让人降低痛苦从而获得平静。还有研究表明，情绪释放时的眼泪中含有儿茶酚胺成分，可以降低患心脑血管疾病的风险。因此允许孩子哭泣更是从孩子的健康着想，它有着积极的意义。

（2）增加替代活动的选择

与发泄相比，替代活动没有破坏性，更加积极，更加富有建设性，而且容易做到，因此是孩子自我调节情绪时的主要选择。不过孩子毕竟不够成熟，有时会钻牛角尖，想不到替代的活动，这时就需要父母主动提出替代活动的建议。比如父母带孩子逛街的时候，孩子特别想要一把玩具剑，但父母认为走在人群中挥舞着这样的玩具危险性太大，对孩子身心健康也没什么好处，因此拒绝给孩子买，从而导致孩子愤怒情绪的产生。这时，父母可以提出带孩子去吃冰激凌，或去水上乐园玩一场。通常对4岁孩子来说，都能成功转移其注意力。不过这种方法经常使用，不利于孩子对情绪控制能力的培养。孩子大了之后，反而会利用这一点谈条件。

（3）问题解决

4岁孩子通常很少用这种方式来调节情绪，父母可以引导和帮助孩子积极面对问题，通过自身力量消除挫折，摆脱困境，消减消极情绪。比如看到孩子一直搭积木却一直倒塌，气得大叫，又无奈又无力的样子，家长可以帮助孩子解决问题："你看，就是因为下面的底座这里你少放了一块积木，导致两边高度不同，地基不稳，所以总是会倒呀，如果把这里垫平了，肯定能搭很高。"孩子在父母的帮助下，自己动手解决了问题，马上就会转怒为喜。经常这样指导孩子，孩子就会明白，遇到问题时，生气和哭泣是没有用的，找到解决问题的办法才是根本。

（4）认知重建策略

这种调节情绪的方式，4岁孩子主动使用的就更少了，因为它需要孩子具备更高的理解能力，这时就需要父母的介入和引导。在孩子受消极情绪影响时，父母可以帮助和引导孩子从新的角度看问题，重新理解周围的事物，重新组织自己的思维，从而调节情绪。比如，家里来了小客人，妈妈把孩子最喜欢的蛋糕给了小客人，孩子非常不开心。妈妈可以跟孩子说："他是我们家的客人呀。如果明天你去他家做客，他妈妈把好吃的东西只给他吃，不给你吃，你会不会很难过呀？"孩子换个角度思考问题，就会理解妈妈的做法，消极情绪就会慢慢消除。

父母在帮助孩子调节情绪的的同时，别忘了做好自身的情绪管理。有研究表明，父母自身的情绪管理能力对5岁左右的孩子影响并不显著，但对4岁左右的孩子影响非常大。因为5岁左右的孩子认知水平更高，交往能力更强，交际范围更广，来自老师、同伴和自己的生活经验对其调节情绪的能力影响更多，而非父母的行为和指示。但4岁孩子还是主要靠在日常生活中观察父母如何处理自己的情绪，然后在相似的情境中模仿运用。因此，父母遇事要尽量开朗、冷静，做一个好的榜样示范，而不是或暴跳如雷，或一惊一乍。

19. 父母如何和孩子做互动游戏

有的父母认为，4岁的孩子自己会做游戏，于是孩子爱怎么玩就让他怎么玩，对孩子的游戏漠不关心。有的父母甚至认为孩子做游戏是找麻烦，要跑来跑去，或是乱放玩具，弄脏、弄乱干净整齐的房间，因而阻止孩子游戏……这些做法对孩子全面成长都会带来极其不利的影响。

游戏活动是孩子的基本活动，是幼儿生活的伴侣，同时又是促进幼儿身心全面发展的教育手段之一，更是增进亲子关系的好办法。

父母是孩子最亲近的人，因此最了解自己的孩子，也最能有针对性地教育孩子，所以，父母在家里和孩子一起做游戏就显得十分有必要。孩子在家里与父母一起做游戏，往往会带来更热烈的气氛，使游戏做得有声有色，不仅如此，更重要的是能让孩子感受到父母的爱，感受到父母永远都在他身边，是他最好的好伙伴。

不过，对于久违了游戏乐园的父母们来说，该如何与孩子做游戏，做什么游戏更好呢？下面提供一些父母和孩子一起做游戏的方法和建议：

和动手能力差的孩子多玩玩积木，比如利用积木胶粒可以和孩子一起搭一座高楼，各种形状的车，修建一条"大街"，让汽车在"大街"上行驶，教育孩子懂得遵守交通规则和学会区别颜色。

和表达能力差的孩子多讲讲故事，比如大人讲一个故事，然后请宝宝复述，或是让宝宝给大人描述一个东西等等。

和身体协调性不好的孩子玩游戏，可学兔子、小鸡、毛毛虫走路，你会在孩子一摇一摆的身姿中惊喜地发现孩子的进步。

有的孩子喜欢娃娃，家里就堆满了娃娃；有的孩子喜欢汽车，家里犹如一个停车场，这样做是不正确的。父母应避免给孩子过多提供同一种玩具，否则孩子只在一方面得到发展，而其他方面的发展却受到阻碍。

散步时，可以让孩子数数路边的汽车，玩玩"看谁数得准"。

去动物园、植物园、海洋馆后，可以让孩子叙述见到过什么，玩玩"看谁记得清"。

和孩子各自抓住长毛巾一端的两只角，把一只皮球或玩具小熊放在毛巾中间，分别提高毛巾的两只角，让球或小熊在毛巾上滚来滚去；还可以抬起毛巾，把球或小熊抛到空中再用毛巾接住，并给游戏起个有趣的名字，比如"西瓜下山""小熊飞毯"等。